【中国通史】

范文澜 著

第一册

人民出版社

陕西西安半坡出土彩陶盆（两件）

甘肃临夏出土彩陶罐

河南温县出土商代铜器徙斝(音甲 jiǎ)

河南郑州出土商代釉陶尊

陕西蓝田出土周共王时铜器永盂

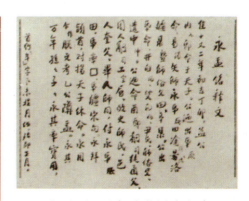

铭文（拓本）及郭沫若同志释文

湖北京山出土西周晚期铜器曾中斿父（斿音游 yōu）方壶

东周晚期铜器龟鱼蟠螭纹方盘

山东临朐发现吴王夫差铜剑

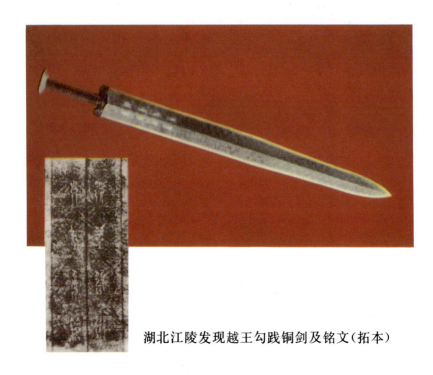

湖北江陵发现越王勾践铜剑及铭文（拓本）

山西长治出土战国铜牺立人擎盘

河南辉县出土战国错金车轵饰

湖南长沙出土战国漆盾

山东临淄出土战国铜镜

中国通史新版前记

蔡美彪

中国通史合装十二册新版即将出书。本书自一九七八年开始出版以来，三十年间先后出版过多种不同装帧、版式的版本，历次重印，续有修订。每承读者垂询异同，深感厚爱。在新版出书之际，先向读者对此前的出版情况，做一些说明。

（一）《中国通史》第一至第十册平装分册单行本。一九七八年至一九九三年，人民出版社陆续出版。较早出版的各册，重印时做些文字修订，基本内容没有变动。

（二）第一至第十册精装单行本。一九七八年至一九九三年人民出版社陆续出版。内容及封面设计都与平装本相同。

（三）第一至第十册特装单行本。内容与平装本同。

（四）合装十册精装本。一九九五年人民出版社出版。付印前对已出版的十册做了文字修订和图表等编辑加工。多次重印，对书中错字，续有改正。

（五）合装十册平装本。一九九五年人民出版社出版。内容与精装本同。封面设计不同于精装本。

（六）合装十册平装本。一九九五年香港三联书店出版。内容与人民出版社版相同，装帧设计不同，书内图片做了技术加工。

（七）《中国文库》合装十册精装本。二〇〇四年，中国出版集团、人民出版社联署出版。装帧重新设计，内容未经校改。卷首有中国文库编辑委员会撰写的出版前言。

（八）《中国文库》合装十册平装本。二〇〇四年中国出版集团、人民出版社联署出版。内容与精装本同。封面设计不同于精装本。

（九）补编第十一、第十二册平装单行本。二〇〇七年人民出版社出版。

（十）《人民文库》合装十二册平装本。二〇〇八年四月人民出版社出版。装帧版式不同于以前的各种版本。内容未经修改。书前有人民文库编辑委员会撰写的出版前言。

以上是此前本书出版发行的大概。这次新版由人民出版社独家出版，十二册合装。付印前对第一册至第十册已发现的文字和标点的错误，做了一次总体的校订。对于个别史事的表述，也作了一些文字修改。

本书的写作始于一九五一年，经过两代人奋力，度过了半个多世纪的岁月。这里也对编写过程做一些说明。

本书的创始者范文澜，曾在抗日战争时期的延安中央研究院,编写过一部供广大干部阅读的《中国通史简编》,约六十万字。以浅近的文字叙述了远古至鸦片战争前的历史概况。自一九四一年至一九五○年,由新华书店、人民出版社先后出版了八种版本,多次重印,受到读者的欢迎。但由于条件的限制,不能利用更多的资料,抗日战争的时代环境,也对某些论述的观点有所影响。此书曾被学术界誉为第一部用马克思主义观点编写的中国史,但著者自认为还存在不少缺欠。

中华人民共和国成立后,一九五○年建立中国科学院。范文澜出任近代史研究所所长。次年开始重新编写中国通史。在近代史所设立中国通史组协助工作。原计划全书仍为六十万字左右,分编四册,四年内完成。一九五三年完成第一编先秦部分出版,约十五万字。题为《修订本中国通史简编》第一册,由人民出版社出版。其实已不是旧本的修订,而是重写的新书。第二编秦汉南北朝时期,至一九五七年完成,字数已达三十六万,作为第二册出版。第三编隋唐五代部分,延至一九六五年完成,字数超过五十万,只好分装为第三、四两册出版。事实突破了原来的设想。不得不改变原计划,依据详近略远的原则,拟将第四编宋元、第五编明清,各编写三册,合成一部十卷本的中国通史。

范老在世时完成的三编四册,都由他自己执笔写作。中国通史组的同人各有自己的研究领域,只是兼为本书提供若干章节的资料长编、个别章节的初稿和各册的编校工作。关于各人的工作情况，范老在各编的"编写说明"中都已列举姓氏说明。其中王崇武、金毓黻、余元盦、张遵骝、王忠等同志，现已先后去世。他们生前都为本书前四册的完成，作出了自己的贡献。

范老在第三编的编写过程中已患心脏病，仍坚持工作。他在一九六五年四月所写的"第三编说明"中说，"我决心战胜病魔，奋力完成任务"，但心力已日益不支。第四册的最后一节，便已委托我代他执笔。出版后又在病中写信给我，说由他一人执笔的编写方式，已难以继续，希望我组织通史组同人合作，把此书写完。信中说："完成比不完成要好些。"这句话情真意切，使我很受感动，也为我以后续编，增添了勇气和信心。一九六九年七月，范文澜同志病逝，终年七十五岁。中国通史组同人下放河南"五七干校"劳动。自河南回京后，开始筹划，为续编作准备，但到一九七六年以后，才得以正常开展工作。

中国通史的续编工作，得到领导上和有关方面的支持。近代史研究所中国通史组作为编写工作的基地，邀约所外和院外研究有素的学者分别参加宋元明清六册的六个编写组，少者三四人，多者五六人。考虑到范著前四册已不是延安版的修订，续编各册更不宜称为"修订本"。计划扩展后也已不再是原来的"简编"。于是改题为《中国通史》，以求符合实际。通史组同人对前四册做了核对资料、校正文字和编选图片等工作,题为《中国通史》再版,内容没有改动。续编各册均题为《中国通史》,由参加编写的作者共同署名。

续编范老的著作,自是繁重的任务。我受委托负责此事,陆续参加各册的编写,兼任主编。自知才力不胜,如负千斤,不能不勉力以赴。参加编写各册的院内外同人,分工合作,无不尽心竭力,完成各自承担的任务。依靠大家团结协力,克服种种困难,续编六册得以相继完成,自一九七八年至一九九三年陆续出版,实现了预定的计划。作为本书的主编,我不能不对各册作者多年来的支持与合作,致以深切的谢意。

续编六册的作者,已有九人先后去世。他们是:第五册王会安,第六册王忠,第七册范宁、严敦杰,第八册李洵、汤纲,第九册杨余练,第九、十册李燕光和参加过第十册部分工作的刘洪涛等同志。他们生前都曾为本书各册的写作耗费心血,无私奉献,可惜已不能看到十二册全书的出版。他们为本书的完成所作的贡献,是应该永远铭记的。

续编六册陆续出版后,与范著前四册合装十册再版,多次重印,受到读者的关注。第十册按照原计划,写到清嘉庆朝为止。学者和读者多建言,补编清道光至宣统的晚清史,以使本书趋于完整。罗尔纲同志一再向我提出此议,并表示愿参加太平天国部分的写作。

他此时已年过九旬,对本书补编的热情鼓励,使我感动不已。当定议补编时,他已先此辞世,我邀约他的高足与快婿贾熟村参加编写,以偿罗老的夙愿。我非常感谢汪敬虞同志的支持与合作。敬虞同志多年从事晚清经济史的研究,著述累累,曾应邀为本书第十册撰写清代经济一章。当商议补编时,他已年逾八旬,慨然愿将平生研究所得,择其要旨写入本书。补编晚清史,经济部分是最大的难题。得汪老的支持,才作出了续写的决定。这时我也已是古稀之年,且已退休。感谢近代史所继续为我提供工作条件,本所杨天石、茅海健、刘小萌等同志鼎力合作,共襄此举。罗筠筠虽已调离本所,也仍然乐于助成。一九九八年制订计划,组成第十一册、第十二册两个编写小组,分头开始工作。这一领域,前人研究成果较多,但按照本书前十册的体例,写成不同于通行近代史的晚清史,也还需面对许多难题。对我来说,对晚清史涉猎甚浅,更加需要痛下决心,边干边学。大家通力合作,在二〇〇五年完成两册书稿,二〇〇七年单行出版。今年五月,人民出版社又将新编两册与前十册合装十二册,纳入《人民文库》再版。面对十二册全帙的《中国通史》,总算实现了范老"完成比不完成要好些"的遗愿。

本书出版以来,得到广大读者的关爱。据统计,仅合装十册本已累计发行十二万套。阅读过本书全帙和分册的读者,人数应约略相当。读者的关爱是对作者的鼓励,也加重了作者的责任。一再重印,一再感到学术责任的沉重。中国通史的编写是永恒的课题。新资料和新成果不断扩展和加深人们对历史的认识与理解。但已成之书,势难再作全面的增订,只能对已知的错误在重印时陆续改正。这次出版合装十二册新版,对全书又作了一次校订,但自属稿到排印过程中所产生的各种错误,依然难以尽扫。

回顾我自一九五三年参加本书第一册校订工作以来,不觉已是五十五度春秋。宋朝的司马光用了二十多年的时间编写《资治通鉴》,六十三岁时成书,上表说:"目视昏近,齿牙无几""臣之精力,尽于此书"。我现已年过八十,自然也是目昏齿落,但自信还有未尽的精力可以继续坚持工作。我最关心的工作就是继续听取读者对本书的批评指正,继续改正尚未发现的错误,以免谬种流传,贻误于人。这是各册作者的共同心愿,也是对读者的殷切期盼。

二〇〇八年九月
写于中国社会科学院近代史研究所

重　版　说　明

十卷本《中国通史》现已出齐。其中，第一至四册由范文澜著；第五至十册由蔡美彪等著。

为使全书统一，这次重版，第一至四册增补了人名索引。第五册在内容上作了较多的修改；其他各册也作了文字订正。

一九九四年十月

第一编再版说明

　　本编出版后，承史学工作者来信指教，并在刊物上发表文章，予以批评。综合提出的问题，第一类是史料问题，主要是在西周以前的史料方面。西周以前史料本较缺乏，解说又多纷歧，再加上本人对考古学、甲骨文、金文、经籍训诂之学等专门学问所知甚浅，写出来多有缺陷，是势所必然的。第二类是关于观点方法的问题。因为本人对马克思列宁主义的学习十分不够，说明事理未能深入浅出，有些甚至说错了（也有一些我并不认为自己是错误的）。读者提出疑问和质问，对本人是很大的帮助，在这里谨向读者深致谢意和歉意。

　　已经提出来的问题，拟不专函或专文奉答。问题有些已在书中照改，有些是在书中随宜答复了，还有一些在这里作说明如下：

　　（一）《中国通史简编》是本人在学习古代史时，企图用历史唯物主义的观点和方法给中国古代史画出一个基本的轮廓来。这个轮廓，第一，要说明中国古代社会的发展规律，与世界上别的许多民族同样（同样

3

不等于一个公式），曾经经过了原始公社制社会、奴隶社会和封建社会诸阶段，并无亚细亚特殊之说。第二，要说明在明、清两朝，中国资本主义的萌芽是存在的，但远不曾发展到足以破坏封建社会的程度。鸦片战争以前，中国还是完整的封建社会，其中并无封建制崩解之说。资本主义萌芽对封建制起崩解作用，在鸦片战争以前的大量史实中是没有根据的，而且也不可能在近代史上和革命理论上找到任何根据。使古代史与近代史联结起来，近代史上一切问题（革命的和反革命的）从而得到说明，即从社会性质上得到说明，编写本书的主要目的在此。古人说"椎轮为大辂之始"，本书正是椎轮式的写作，粗疏之咎，在所难免，至于随时修正，则有待于批评与自我批评的开展。

（二）本编采取史料，避免墨守旧说，但也不敢率意而谈或穿凿附会以求新奇。所用史料，一般是以著作年代较早和较完整的书籍如《尚书》、《毛诗》、《春秋左氏传》、战国诸子、《史记》等为主体，其他概作辅助材料。经传等书的解说，一般也以著作年代较早或代表性较大的解说为主体。如《尚书》多采司马迁和其他汉儒说，《诗》多采毛亨、郑玄说，《三礼》多采郑玄说，《左传》多采杜预说，《墨子》多采孙诒让说，《荀子》多采王先谦说，甲骨文、金文多采王国维和郭沫若说。至于近世一家之言，未定之论，不敢率尔采录，以免此是彼非，使读者不知所从。有些好的著作，因不曾遍读而致遗漏，尚待随时搜集，摘取要旨，使本编得到更多的补充和修正。

（三）凡给予本编的指教，本人无不欢欣接受，即一字之教，也不敢忽视。例如第一章中考古材料与神话传说混为一谈，牵强附会，毫无意义；此次修改将第一章完全改写，借补前愆。其他错误处，既经指出，自然即予改正，即使说有所据，但读者提出了疑问，也尽可能予以修改或添加解释。

（四）不同意见，经认真考虑后，有些仍不拟采用。例如城子崖遗址，在夏遗址发掘获得实证前，假设为夏文化遗址之一，我认为是可以的。又如《豳风·七月篇》，记载当时农夫衣食仰给于周君，没有自己的经济，依据《小序》说，定为西周人追述周先公居豳时诗，我认为也是可以的。

（五）神话、传说、甲骨文、金文作为专门研究，学者们自可深入探讨，各抒己见。本编既非专门著作，一般新说，拟等待有公认的定论后，再行采取。

（六）古书中较难读的篇章词句，本编一般都译成今语。在不失或不很失古语原意的情况下，往往从一篇一章中摄取大意，或摘引一两句，或摘引一句中的某部分。不取直译法，以免依然难懂。其中有不少欠斟酌处，仍希望读者多予指教。

（七）本编插图此次颇有增删。读史必须辅以详细的地理沿革图，但本编所附春秋、战国两简图和《禹贡与职方氏九州合图》，本意仅在说明当时重要国家所在的方位和大一统思想在地理学上的反映，所以都只是略标大概，明意而止，远不能当作地理沿革图来使用。

本编出版后，中国科学院历史研究所第三所诸同志曾开会讨论，特别是王崇武同志认真校阅，提供意见，帮助我修改。蔡美彪同志也提供不少具体意见。中国科学院考古研究所、北京历史博物馆、故宫博物院诸同志热心地供给古器物图片。我在这里谨向他们和所有帮助我期望我的同志们表示感谢！

范 文 澜
一九五四年

目　　录

第 一 编

原始公社到中央集权的封建国家的成立——远古至秦统一

第 一 章

原始人与原始公社时代

第一节　中国境内的原始人

北京西南周口店山洞里，一九二九年发见生存在约四、五十万年前的猿人头骨、牙齿、下颚骨和躯干骨化石。这种猿人被命名为"中国猿人北京种"（或叫"北京人"）。他们已经知道选取砾石或石英，打击成为有棱角的石片，当作武器或生产工具来使用。他们居住在石灰岩的山洞里，用木柴燃火，烧烤食物。按照人类漫长的进化过程，"北京人"已经超过了一般动物的阶段，而且也脱离了人类的婴儿期。

一九五四年，山西襄汾县发见三个人类牙齿化石和大量石器。这种人被命名为"丁村人"。从石器里显示出人类初步使用石器的现象，不过比"北京人"已经有些进步。内蒙古自治区萨拉乌苏河与宁夏回族自治区水洞沟等地，曾发见过约二十万年前的人类门牙一枚及许多旧石器。门牙与"丁村人"牙齿极为相近，旧

3

石器中有尖状器、长刮器和各种刮削器，也比"北京人"所用的进步些，考古学上称它为"河套文化"。这时候的人，身体上的结构与现代的人类很相接近。石器已进到旧石器中期。

甘肃庆阳县，陕西榆林县油坊头及准噶尔河流域，

"北京人"复原像

山西河曲县、保德县，甘肃中卫县，四川资阳县都曾有旧石器的发见。考古学上认为这种遗物，有些属于"河套文化"，有些比"河套文化"年代还要早些。

在周口店猿人洞穴的山顶上洞穴里（因此叫做山

| 砍斫器 | 尖状器 | 刮削器 | 尖状器 |

"北京人"居址发现的打制石器

顶洞），发掘出约五万年前的人骨化石、石器、骨器和装饰品。石器中有火石制、石英石核制的刮削器、尖端刮器，与西欧旧石器晚期的制作大致相似。骨器中有兽骨磨成的骨针，似乎已有简单的缝纫。装饰品中有穿孔的兽齿、鱼骨、介壳和海蚶壳，还有用赤铁矿染红的石珠，似乎已有爱美的观念。人骨化石旁散布着赤铁矿粉粒，似乎已有饰终的仪式。"山顶洞文化"比"河套文化"又前进了一步。这时候的人，身体上的结构，可以说，已经到了现代人的阶段。石器已进到旧石器晚期。

在内蒙的札赉诺尔（呼伦池附近），黑龙江的顾乡屯（哈尔滨附近）等地，曾有中石器时代遗物的发见。札赉诺尔的石器，有的已经研磨过。顾乡屯的骨器，有些器体很整齐可观，制作技术超过了"山顶洞文化"。这些出土的器物中有石器、骨器、角器、牙器、火烧骨和人骨化石，估计年代约在二万到四五万年前。

中国境内西北、华北、东北、西南都已发见旧石器、中石器及其逐渐进化的遗迹。虽然材料那样稀少，有待于今后考古学者的继续发见，但有一点是可以肯定的，就是中国境内四五十万年以来，即有人居住并在各个地区创造着自己的文化。

古书籍里记载着不少有关远古的神话和传说。如《韩非子·五蠹篇》有所谓"构木为巢，以避群害"的有巢氏时代，有所谓"钻燧取火，以化腥臊"的燧人氏时代,《易·系辞传》有所谓"作结绳而为网罟(音古 gǔ),以佃以渔"的伏牺氏时代,有所谓"斲(音酌zhuó)木为耜,揉木为耒""日中为市"的神农氏时代。又有一些有关婚姻的记载,《列子·汤问篇》载有杂乱性交的"男女杂游,不媒不聘"。《白虎通·号篇》载有母系氏族的"但知其母,不知其父"。这些记载虽然不是真有什么根据,但也反映出古代学人对人类社会的进化观,是值得珍重的。

第二节 原始公社的遗迹

在漫长的旧石器中石器时代里,人们慢慢地学会制造磨光的、比较精致的石头工具,这就先后参差地开始了新石器时代,畜牧业及最原始的农业逐渐代替了狩猎经济,由于后来农业的发展,游牧生活又逐渐转向定居生活。在畜牧业和农业中,男子劳动与妇女劳动的比重起了变化,男子的经济地位逐步提高,以女子为中心的母系氏族社会因而转化为以男子为中心的父系氏族社会,当然,这种转化是经历很长过程才完成的。

依据地下发掘,新石器时代大概开始于近一万年内,在此以前都是旧石器时代。

中国新石器文化的遗址,近几年来在全国范围内有大量的发现,但对地下的史料说来,还只是很少的一

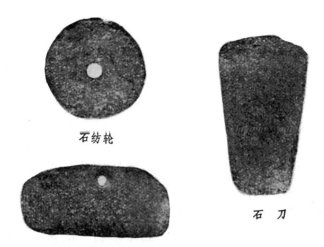

石纺轮

石刀

石斧

河南陕县出土"仰韶文化"石器工具

陕西西安半坡村"仰韶文化"居民房址

部分，更多的史料仍待继续发见，兹就现有的主要材料，略述其分布情况于下：

一　仰韶文化

在河南渑池县仰韶村，曾经发见新石器时代晚期的遗址。遗址中器物有石器，骨器，陶器多种。石器有刀、斧、杵、镞（音族zú，箭头）及纺织用的石制纺轮。骨器有缝纫用的针。陶器有钵、鼎等形制。仰韶陶器多数是粗陶，其中有一种彩陶，以表面红色，表里磨光，带有彩绘为特征。考古学上命名为仰韶文化或彩陶文化，当作同系统文化的代表名称。

仰韶文化散布在广大西北地区新疆维吾尔自治区和甘肃、青海、陕西等省以及华北、中原等地区。从这些遗址和多量的遗物里，可以推想当时人们的生活状况。

（一）农业在生产部门中占有重要的地位　各遗址多有石斧的发见，石斧是用来进行农业生产的一种工具。遗址多在河谷里，那里土地肥沃，便于种植。山西夏县西阴村遗址，东西约五六○公尺，南北约八○○公尺，面积很不小。遗址中有长方形土坑，四面有壁，象个小屋。许多小屋相互接连，形成一个村落。如果当时居民不是从事农业，不可能有这种相当巩固的定居生活。近年来陕西西安半坡遗址的发见，有力地证明了农业在生产中的重要地位。半坡遗址提供出丰富的资料，说明当时居民的生活情况。生产工具有石斧和骨锄，农产物有粟。一陶罐粟在居室内发见，一陶钵粟是作为殉葬物放在墓葬里，足见当时人生活已经离不开农业，粟尤其是重要的食物。

（二）畜牧业也是重要的生产部门　仰韶遗址中有许多猪、马、牛的骨骼，其中猪骨最多。猪的大量饲养，也说明当时居住地已相当安定。

（三）手工业　陶器、陶片发见最多，西阴村遗址发见的多至数万片，制造技术和纹饰，一般说是很精美的。西阴村和大赉店（河南濬县）遗址都有纺轮，骨针、骨锥各遗址都有，足见纺织与缝纫已是一种普遍的手工业。石刀、石斧是各遗址常见的器物，有了这些工具，可以进行多种生产。

（四）弓箭的使用　弓箭是中石器时代后期或新石器时代早期出现的工具。有了弓箭，狩猎生活逐渐过渡到原始畜牧业。仰韶文化各遗址多有石镞、骨镞，可见当时已普遍使用弓箭。

（五）货物交换　在甘肃各遗址的墓葬中，发见磨制的玉片、玉瑗和海贝，据推测，玉可能是从新疆来的，贝是从沿海地区来的，想见甘肃居民对沿海地区已经有了交换关系。列宁说"遗产制度以私有制为前提，而私有制则是随着交换的出现而产生的。已经处在萌芽状态的社会劳动的专业化和产品在市场上的出卖是私

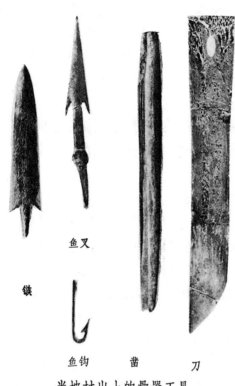

鱼叉

镞

鱼钩　　凿　　刀

半坡村出土的骨器工具

有制的基础。"①由于交换关系的继续发展，氏族内部逐渐分化了，而且开始有奴隶，也就在这种情况下，阶级开始了它的胚胎状态。半坡遗址有公共墓地，埋葬本氏族的死者。死者一般是仰身葬，带有殉葬物，主要是陶器等日常生活所用的器皿，也有些是装饰品。还有一些死者是俯身葬，都没有带殉葬物。这是死者身分不同的表示。春秋时晋国大夫子犯说，仰的人叫做"得天"，俯的人叫做"伏其罪"(《左传》僖公二十八年)。俯身的人是罪人，奴隶是被看作罪人的。

（六）**艺术**　仰韶文化遗址的陶器，一般是美观的。发展到了属于铜器时代的辛店遗址的陶器，纹饰较为

① 《列宁全集》第一卷第一三三页。

复杂,纹饰间还点缀着犬羊的图形,有的还涂有人形纹。

根据上述当时人们的生活状况,农业、畜牧业已经是重要的生产部门。陶器、武器和一般工具,种类颇多, 说明手工业也在发展。氏族内部开始有某种程度的分工,私有制度萌芽了。

仰韶文化是中国先民所创造的重要文化之一, 距离现代约有四五千年。据传说,神农氏时代完了以后,黄帝、尧、舜相继起来,那时候制作衣裳,"刳木为舟,剡(音演 yǎn 削)木为楫","断木为杵,掘地为臼","弦木为弧,剡木为矢"(《易·系辞传》)。这些传说在仰韶文化遗址中大致有迹象可寻,因之推想仰韶文化当是黄帝族的文化。

二 后冈下层的仰韶文化

河南安阳县后冈地方,曾发见累叠着小屯、龙山和仰韶三种文化的遗址。小屯文化在上层(商文化),龙山文化在中层(夏文化),仰韶文化在下层。仰韶层陶器一般是红色陶片上画简单的红色花纹,与其他仰韶文化遗址所见陶器红地或黄地,缀以黑色或紫色花纹,显然有些区别,因此,这种陶器也叫做赤陶。传说中炎帝又称赤帝(《大戴礼记·五帝德篇》),炎帝族先于黄帝族自中国西北部进入中原地区。后冈下层的仰韶文化可能就是炎帝族文化的一个遗址。

三 细石器文化

长城外有一支细石器文化，它的特征是用燧石制成细小而锐利的锋刃，嵌在骨刀或骨枪上，黑龙江省昂昂溪，热河省赤峰县，内蒙古自治区的海拉尔和林西县以及新疆维吾尔自治区的三道岭子等地方都曾发见过细石器文化，其中最重要的是昂昂溪遗址。

昂昂溪遗址有锛、刀等石器，有大小枪头、鱼镖、锥等骨器。石器中没有发见石斧，骨器多属渔猎工具，陶器全用手制，多是棕色，花纹简陋，数量极少。依据这些器物，推测当时农业生活正在开始，主要还是渔猎生活。这个遗址的年代现在还不能推定。

林西遗址陶器有灰、黑、褐、黄、红五种，多是轮制。有细石器，又有斧、犁、铲、手磨盘等石器。说明当时已过着农业定居生活，比昂昂溪文化前进了一步。

黑龙江饶河出土的陶罐

赤峰遗址和河北省张家口遗址,有彩陶,又有细石器,当是仰韶与细石器两系统的混合文化。

四 南 方 文 化

中国南部广大地区,新石器文化遗址的发见比北方少些,但也在逐渐增加。依据零碎的发掘报告,江苏安徽湖北浙江等省,都有新石器遗址,较远的地方也有一些:在福建曾发见石斧、石镞、石环、石杵和有几何花纹的陶片;香港也发见过同样的陶片,在广西武鸣县曾发见用粗石打制的有孔大石环,在四川广元县曾发见磨制甚精、直径逾三尺的大石环。这些文化遗址中器物稀少,不能作较具体的说明,但可以推想当时已有农业。

上述新石器文化遗址,相当普遍地分布在全国各地区,说明中国境内各民族的远古祖先,在全国地面上,以不同程度的文化,为发展生产,艰苦地向自然界作斗争。仰韶遗址数量最多,表现的文化程度较高,发展也较速,成为最重要的一支文化。

第三节 传说中的中国远古居民

远古时代,在中国领域内,居住着许多不同祖先的氏族和部落。它们彼此间经长时期的相互影响和相互斗争，有些逐渐融合了，有些发展起来。

从传说和神话里，推测远古居民分布的一般情况如下：

居住在东方的人统被称为"夷族"。太皞（音号 hào）是其中一族的著名酋长。太皞姓风，神话里说他人头蛇身（一说龙身），可能是以蛇（或龙）为图腾的一族。陈（河南淮阳县），相传是"太皞之墟"。春秋时期，山东还有任、宿、须句（音勾 gōu）、颛臾四个小国，说是太皞的后裔。相传伏牺画八卦。按伏牺与太皞向来被当作同一个人的名号，事实上伏牺是指远古开始有畜牧业的一个时代，太皞则可能实有其人。如果八卦确是一种记事符号的话，按照传说，当是出于太皞或太皞族。八卦是"—"（阳性）"--"（阴性）两种线形凑成☰（乾）☷（坤）☵（坎）☲（离）☳（震）☶（艮）☴（巽）☱（兑）八个卦形，每一个卦代表当作同一属性的若干事物。如乾为天、父、玉、金，坤为地、母、布、釜，这种记事方法，比结绳进了一步。后来黄帝族发明象形文字，借它作卜筮的符号，失去了原来作为记事符号的意义。

居住在北方、西方的人统被称为"狄族"、"戎族"。其中"犬戎族"自称祖先为二白犬，当是以犬为图腾。薰鬻族（薰鬻音熏育 xūn yù 即秦汉时匈奴的祖先）是北方强族，相传与黄帝族曾发生过冲突。

居住在南方的人统被称为"蛮族"。其中九黎族最

江苏南京出土的石锄

江苏淮安出土的扁平穿孔石斧

台湾发现的有肩石斧

江苏南京出土的七孔石刀

香港出土的陶罂（音婴 ying）

南方各地的新石器和陶器

早进入中部地区。九黎当是九个部落的联盟，每个部落又各包含九个兄弟氏族，共八十一个兄弟氏族。蚩尤（蚩音痴 chī）是九黎族的首领，兄弟八十一人，即八十一个氏族酋长。神话里说他们全是兽身人言，吃沙石，铜头铁额，耳上生毛硬如剑戟，头有角能触人。这大概是以猛兽为图腾，勇悍善斗的强大部落。九黎族驱逐炎帝族，直到涿鹿（涿鹿或说在河北怀来县或说在涿鹿县），后来炎帝族联合黄帝族与九黎族在涿鹿大械斗，蚩尤请风伯雨师作大风雨，黄帝也请天女魃（音拔 bá）下来相助。这些荒诞的神话，暗示着这一场冲突非常激烈，结果蚩尤斗败被杀。九黎族经长期斗争后，一部分被迫退回南方，一部分留在北方，后来建立黎国，一部分被炎黄族俘获，到西周时还留有"黎民"的名称。

炎帝族居住在中部地区。炎帝姓姜，神话里说他牛头人身，大概是牛图腾的氏族。姜姓是西戎羌族的一支，自西方游牧先入中部，与九黎族发生长期的部落间的冲突。最后被迫逃避到涿鹿，得黄帝族援助，攻杀蚩尤。后来炎黄两族在阪泉（据说，阪泉在河北怀来县）发生了三次大冲突，黄帝族统率以熊、罴（音皮 pí）、貔（音皮 pí）、貅（音休 xiū）、貙（音区 qū）、虎为图腾的各族打败炎帝族，黄帝族势力进入中部地区。

黄帝族原先居住在西北方，据传说，黄帝曾居住在涿鹿地方的山湾里，过着往来不定迁徙无常的游牧生活。后来打败九黎族和炎帝族，逐渐在中部地区定居下来。黄帝姬姓、号轩辕氏，又号有熊氏。古书中有关黄帝的传说特别多，如用玉（坚石）作兵器，造舟车弓矢，染五色衣裳，嫘祖（黄帝正妻）养蚕，仓颉造文字，大挠作干支，伶伦制乐器，虞、夏二代禘（音帝 dì）祭黄帝（尊黄帝为始祖）。这些传说多出于战国、秦、汉时学者的附会，但有一点是可以理解的，即古代学者承认黄帝为华族始祖，因而一切文物制度都推原到黄帝。

《国语·晋语》说，黄帝有子二十五人，其中十四人共得十二姓。所谓得姓，大概是子孙繁衍，建立起新的氏族来。《山海经》、《大戴礼记》等书记载古帝世系，不论如何分歧难辨，溯源到黄帝却是一致的。历史上唐尧、虞舜以及夏、商、周三代，相传都是黄帝的后裔。

传说中黄帝以后帝尧以前，黄帝族著名的首领，有以下诸人：

少皞 姓己或说姓嬴，名挚（音至 zhì），居曲阜（山东曲阜县），号穷桑帝。黄帝后裔或在中国，或在夷狄，少皞族可能是黄帝族向东发展的一支。与夷族杂居，接受了太皞族的文化，因此称为少皞，成为夷族文化的继承者。春秋时郯国（山东郯城县）自称是少皞的后裔。

颛顼（音专需 zhuān xū） 相传是黄帝子昌意的后裔（《山海经》、《国语·楚语》有此说），居帝丘（河南濮阳县），号高阳氏。被黄帝征服的九黎族，到颛顼时，仍奉巫教，杂拜鬼神。颛顼禁绝巫教、逼令顺从黄帝族的教化。当时南方苗族又逐渐向北发展，自颛顼到禹，传说中常见苗族、黎族与黄帝族的不断冲突。

帝喾（音库 kù）　相传是黄帝子玄嚣的后裔，居西亳（河南偃师县），号高辛氏。传说帝喾有四妻、生四子。姜嫄（音原 yuán）生弃（周祖先），简狄生契（商祖先），庆都生尧，常仪生挚。《左传》文公十八年，季文子说，高阳氏有才子八人，号称八恺（音凯 kǎi），高辛氏有才子八人，号称八元。这十六族世世有声名，尧不能举用。舜举用八恺，使主管后土，地平天成；举用八元，使主管教化。八恺指以禹为首的各族，八元指以契为首的各族，契距离帝喾既不只一世，尧、弃、挚年代相近，距离帝喾当然也不只一世。如果弃等四人确是同出帝喾一系，应是同族的后裔，决不是同父异母兄弟。卜辞中证明商朝认帝喾为高祖，祭礼非常隆重，帝喾可能是实有其人。

《国语·鲁语》说："有虞氏禘（大祭祀）黄帝而祖颛顼，郊尧而宗舜。夏后氏禘黄帝而祖颛顼，郊鲧（音滚 gǔn）而宗禹。商人禘舜（喾误作舜）而祖契，郊冥而宗汤。周人禘喾而郊稷，祖文王而宗武王"。《礼记·祭法篇》说："有虞氏禘黄帝而郊喾，祖颛顼而宗尧。夏后氏亦禘黄帝而郊鲧，祖颛顼而宗禹。殷人禘喾而郊冥，祖契而宗汤。周人禘喾而郊稷，祖文王而宗武王。"不论《鲁语》和《祭法篇》所说是否有据，汉以前人相信黄帝、颛顼、帝喾三人为华族祖先，当是事实。

黄帝族与炎帝族，又与夷族、黎族、苗族的一部分逐渐融合，形成了春秋时称为华族、汉以后称为汉族的初步基础。

远古时代就居住在中国南方的苗、黎、瑶等族，都有传说和神话，可是很少见于记载。一般说来，南方各族中最流行的神话是"盘瓠(音互 hù)"。三国时徐整作《三五历纪》，吸收"盘瓠"入汉族神话，"盘瓠"成为开天辟地的盘古氏。

第四节　关于尧、舜、禹的传说

《尚书》有《尧典》等篇，叙述尧、舜、禹"禅让"的故事。春秋战国时人，尤其是儒墨两大学派，都推崇取法这三个古帝，因此关于他们的传说，比黄帝以下诸帝更多些，真实性似乎也大些。

据传说，尧是帝喾的儿子，距黄帝五世。舜是颛顼的七世孙，距黄帝九世。禹是颛顼的孙子，距黄帝五世。三人世次，显然有很大的讹误。《竹书纪年》说黄帝至禹三十世，也是无可稽考的一种传说。

传说中，尧号陶唐氏，都平阳(山西临汾县)，居地在西方。舜号有虞氏。《孟子·离娄篇》说"舜生于诸冯(音平 píng 山东诸城县)，……卒于鸣条(河南开封附近)，东夷之人也"，是舜居地在东方。禹父鲧居地在崇。崇就是嵩。禹原住阳城（河南登封县），在河南西部。后都阳翟（音狄 dí 河南禹县），也略偏西部。他们先都是部落酋长，后来被推选为部落联盟的大酋长。大酋长有权祭天，巡狩，处罚有罪的酋长，率众攻击敌对的部落。《尧典》说尧死时，"百姓如丧考妣"，善良的酋长，受到这种不因威迫而发出来的社会的敬意是可能的。

《尧典》等篇，大概是周朝史官掇拾传闻，组成有系统的记录，其中"禅让"帝位的故事，在传子制度实行已久的周朝，不容有人无端发此奇想，其为远古遗留下来的史实，大致可信。据说，尧在帝位，谘询四岳（姜姓、炎帝族），四岳推举虞舜作继位人。舜受各种试验后，摄位行政。尧死，舜正式即位。舜也照样谘询众人，选出禹来摄行政事。舜死，禹继位。禹在位时，众举皋陶（偃姓、夷族）作继位人。皋陶死，又举皋陶子伯益作继位人。禹死，子启夺伯益位自立。"禅让"制度从此废弃。

氏族制度已经经过了若干万年，神话和传说中出现了黄帝，意味着氏族制度已向解体时期发展了。尧、舜、禹是部落联盟解体前最后的三个大酋长。由于攻黎攻苗的战斗胜利，俘虏逐渐被用到生产部门，成为奴隶。恩格斯指出：在畜群完全转归家庭所有以后，"家庭并不象牲畜那样迅速地繁殖起来，现在需要有更多的人来看管牲畜；为了这个目的，正可以利用被俘

20

虏的敌人"。①《尧典》有所谓"群牧"，就是以畜群为私有财产的部落酋长。俘虏首先被他们使用在畜牧业上，是很自然的。部落酋长拥有畜群和奴隶，自然要实行传子制度。部落的传子制度确立以后，部落联盟的"禅让"制度也就不能持久。禹私有财产较多，势力较大，所以启敢于破坏惯例，废弃"禅让"，世袭大酋长的权位。

禹做大酋长时，对苗战争获得大胜利，苗族被压迫退到长江流域。《墨子·兼爱篇》载禹《伐苗誓辞》说"你们听我讲话。不是我喜欢打仗，是那苗人前来攻掠，我现在率领你们众邦君长，去惩罚他们"。《尚书·立政篇》，周公告诫成王说"整顿你的军队，踏着禹的遗迹，走遍天下，直到海外（指非同族的居地），没有人不降服"，足见禹的武功，为后世所推崇。不过苗也是大族，退到南方以后，势力还很强盛，占有土地西起洞庭湖，东到鄱阳湖，与北方黄炎族对抗。禹建都阳翟，阻止苗族再北上进入黄河流域。从此黄炎族在中原地区的地位愈益巩固。黄帝以下诸帝，以攻黎攻苗为主要事业，到禹才完成了这个事业。

《诗·大雅》说丰水东流（《文王有声》篇）、梁山巨大（《韩奕篇》），都是禹治水的功绩。《尚书·吕刑篇》说禹平水土。春秋时人说，如果没有禹治水，我们这些地

---

① 《马克思恩格斯全集》第二十一卷第六十六页。

方只有鱼，那里还有人呢！铜器铭文里也说禹是平水土定九州的人。足见禹治洪水是一个很悠久很普遍的神话。禹是古帝中最被崇拜的一人。许多古老民族都说远古曾有一次洪水，是不可抵抗的大天灾。独在黄炎族神话里说是洪水被禹治得"地平天成"了。这种克服自然、人定胜天的伟大精神，是禹治洪水神话的真实意义。考洪水的有无或禹是否治洪水，都是不必要的。战国时人作《禹贡篇》，系统地说明山川土壤物产贡赋，治水神话发展成为一篇珍贵的古代地理记载。孔子说禹"尽力乎沟洫"（《论语·泰伯》），大概禹在原始灌溉工程上尽了力，大有益于农业，因之为后世所歌颂并夸大为治洪水的神人。与禹同时的伯益，《世本》说他是凿井的发明者。有了井，人可以离开河流两旁，到远处进行生产。《世本》又说禹时奚仲造车。有了车，人可以节省很多的劳力。《左传》说禹铸九鼎。《越绝书》载风胡子说，神农时用石做兵器，黄帝时用玉做兵器，禹时用铜做兵器，战国时用铁做兵器。依据这些传说，想见禹是远古生产力大跃进时代的代表人物。

生产力的提高，生产关系也将受到影响而发生变化。城是阶级社会开始的标帜，谷物造成的酒也是标帜之一。传说中的禹恰恰是开始造城的人（一说鲧作城），旨（甜）酒也在禹时开始出现（仪狄作酒）。如果上述各种传说多少有些真实性的话，可以设想禹时阶级社会已在形成，大酋长世袭制度也就要起而代替"禅让"制度。

黄炎夷三族的联盟，是由一百个（数字不必拘泥）氏族组合而成的。属于一百个氏族的人统称为百姓（后世也称百官、百工）。与黎族苗族冲突，所得俘虏称为民、黎、苗，或称黎民、苗民。甲骨文中还没有发现民字，但《尚书·盘庚篇》有民字。金文民字象一裸体人（露两乳，与母字形相似）足上挂器械的形状。陆次云《峒（音洞 dòng）溪纤志》说，苗人捕获汉人当奴隶，给他着上木靴再加木锁，一辈子不得逃走。民字形体正显示这一种人是衣不掩体、足上挂器械的，很象陆次云所说的奴隶。金文民字从最初的民字沿袭下来，并非周人所新创。民字义训为瞑、为盲、为冥，都含有恶意。古书称百姓与称黎民苗民，显有贵贱的区别。舜命契教化百姓，命皋陶用刑法制苗民，命弃播百谷养黎民，实际当是用刑法强迫苗民黎民耕种来养活受教化的百姓。百姓与黎民苗民的区别，意味着奴隶主与奴隶的区别。禹时生产力跃进，攻苗又大胜，使用多量的俘虏到生产方面，自然会加速奴隶主与奴隶两个阶级的形成。

第五节　原始公社制度

中华民族的历史也和世界各古旧民族的历史一

样,遵循着社会发展的规律,存在过原始公社制度。黄炎夷三族在"禅让"制度崩溃以前,正是实行着这个制度。

什么是原始公社制度?就是原始人类对于生产资料的社会公有制。那时候,生产力非常低微,人们借以生活的工具,仅仅是石器以及后来出现的弓箭。那时候,没有生产资料私有制,没有剥削,没有阶级。

原始公社到了末期,生产资料私有制逐渐形成起来。奴隶最初被使用在畜牧业上,后来也被使用在手工业上。因农业生产工具和技术的改进,最后奴隶才被使用到农业生产方面来。奴隶参加农业生产,是社会生产力大进一步的标志,原始公社制度也就开始向奴隶制度转变了。

《韩非子·十过、五蠹》等篇说,尧的生活是茅草屋,糙米饭,野菜根不加调味,饮食器是土缶,粗布仅掩身体,冬天披鹿皮,衣履不到破烂不换。舜比尧进化一些,木制饮食器上涂漆。禹更进化,祭器外面涂漆,里面涂红。《论语·泰伯篇》载孔子说,"禹不讲究饮食却讲究祭祀鬼神,不讲究衣服却讲究礼服礼冠,不讲究房屋却讲究沟洫水利。"尧舜禹时候的生活资料是贫乏的,但也显示出逐步在提高,禹时礼服礼冠的讲究,已含有区别贵贱的意义。

从《尚书·尧典》等篇看来,姜姓部落的酋长,称为四岳,有大酋长继承权也有很大的议事权。皋陶是夷族的酋长，被选作禹的继承人。皋陶死，子伯益代皋陶作继承人。舜举十六族（颛顼帝喾后裔各八族），扩大联盟的范围。"禅让"时代，大概是以黄帝族为主体，炎帝族夷族为辅助的部落自由联盟。联盟的主要目的，是对抗黎族和苗族。相传禹攻三苗，夷族不出兵援助，也许夷族对联盟比炎帝族要疏远些（夏代与东方九夷不断战争，春秋时期淮水流域很多小国，是皋陶后裔，但被称为蛮夷）。黄炎族与夷族在联盟中可能存在着种族歧视，启夺取伯益的地位，经济原因之外，这或许也是一个原因。

依据上面所述材料，生产工具仅仅是石器和弓箭，生活资料仅仅是糙米饭、粗布衣，大酋长由部落公选，没有什么特别权利。这样的社会形态，恰恰就是原始公社制。《礼记·礼运篇》讲禹以前的社会情况说：

"大道之行也，天下为公，选贤与（尊重）能（酋长公选），讲信修睦（和平）。故人不独亲其亲，不独子其子。使老有所终（养老），壮有所用（工作），幼有所长（抚育），鳏（老男无妻）寡（老女无夫）孤（幼儿无父）独（老人无子）废疾（残废）者皆有所养。男有分（职业），女有归（婚姻不失时）。货恶其弃于地也，不必藏于己（生产品共同所有）。力恶其不出于身也，不必为己（各尽所能）。是故谋闭而不兴（不欺诈争利），盗窃乱贼而不作（不掠夺），故外户而不闭（没有私有财产，不用关大门），是谓大同。"

产生在封建社会而又极端拥护封建制度的儒家学派，如果不是依据古代传闻，不可能产生"大同"的思想。原始公社制度确在中国远古存在过，这也是一个证据。

中国古代史书里，记载国境内外落后诸族的史料，有很多可以作为旁证，说明汉族的祖先也曾过着同样或类似的生活。例如《三国志·魏志·乌丸传》注引《魏书》叙述乌丸（乌桓）的习俗说："乌丸人选举勇健能战、公平解决争讼的人做大人。部落各有小帅。大人和小帅都是选举，不世袭。数百千落自为一部。大人有呼召，……各部落不敢违犯。……大人以下，各自畜牧治产，不相徭役。……敬鬼神，祭天地日月星辰山川，也用牛羊祭祀有勇名的先世大人。没有正式的法律，他们只相约：违大人命令，死；抢掠不止，死。部落间有仇怨，得自相报复，报复不止，请大人评判，理屈的部落出牛羊赎罪。"黄帝以至尧舜禹时社会和乌桓社会当相类似，因为凡属原始公社制度大体是相同的。黄帝、少皞、颛顼、帝喾、尧、舜、禹，就是有勇名功业的大人。古人祭祀有"神不歆（音欣 xīn 受祭）非类，民不祀非族"（《左传》僖公十年），"鬼神非其族类，不歆其祀"（僖公三十一年）的信条，所以上列古帝应是黄帝族的著名大人。

简 短 的 结 论

四、五十万年前，中国已有原始人居住。虽然远古遗物，迄今发掘所得还不够多，可是旧石器中石器新石器的逐步进化，线索已很分明，再参考古代传说和神话，大体可以说明从蒙昧中期到野蛮末期的全部发展过程。当然，中间还留着许多空隙，必要材料的补充，尚有待于地下遗物的继续发见。

中国境内一向居住着文化系统不同、所奉祖先不同的各族，他们各在所居住的土地上，和自然界作斗争，发展自己的文化。他们相互间经常有冲突，也经常有经济上文化上的相互影响以至于融合或部分融合，这在地下遗物和传说中留存着不少的痕迹。

从传说中看来，居住在南方的统被称为蛮族。居住在东方的统被称为夷族。居住在北方的统被称为狄族。居住在西方的统被称为羌族或戎族。

被称为蛮族的黎族和苗族，先进入中原地区。其次进入中原地区的是羌族中的炎帝族。

黄帝族散布在中国西北部，仰韶文化所在地，当是黄帝族的文化遗址。仰韶文化在当时是较高的文化。

黄炎两族曾经冲突过，后来炎帝族被黎族压迫，向黄帝族求助。黄帝族击败黎族，又击败炎帝族。黄炎两族开始联合和融合，共同对抗强大的苗族。

　　黄帝族一部分入山东境，与夷族杂居，相互影响。颛顼据濮阳，自东向西发展，他的一支后裔鲧、禹在嵩山成立大部落；帝喾据偃师，自西向东发展，他的一支后裔契在商邱成立大部落。黄帝族在东西方兴盛起来，造成攻击黎族、苗族的有利形势。

　　尧舜禹时期，存在着以黄帝族为主，以炎帝族夷族为辅的部落大联盟。禹武力最大，压迫苗族退向长江流域，黄炎族占有了中原地区（主要是黄河中游两岸），从这里孕育了后来发展起来的伟大灿烂的华夏文化。

　　禹时农业进步和军事胜利，部落中财富增加，奴隶成为一种重要的财产，原始公社制度开始解体，向奴隶制度发展了。

　　从黄帝到禹的社会制度，是原始公社制度。当然，这并不是说，黄帝以前没有原始公社的存在。马克思说过，"虽然希腊人是从神话中引伸出他们的氏族的，但是这些氏族比他们自己所造成的神话及其诸神和半神要古老些。"① 这个原理，同样说明了中国历史上原始公社的存在远比黄帝要古老些。

---

　　① 《马克思恩格斯全集》第二十一卷第一一六——一一七页。

第 二 章

原始公社逐渐解体到
奴隶制度时代——夏商（殷）

——前二〇三三年(?)——前一〇六六年(?)

第一节 夏 朝 传 说

——前二〇三三年(?)——前一五六二年(?)

照《礼记·礼运篇》所说，禹以前是没有阶级，没有剥削，财产公有的大同社会；禹以后是财产私有的阶级社会。禹不曾废除"禅让"制度，是大同时代最后的大酋长。小康时代应从启开始。《礼运篇》说：

"今大道既隐（原始公社制度解体），天下为家（变公有为私有），各亲其亲，各子其子，货力为己（财产私有），大人世及以为礼（子孙继位，认为当然），城郭沟池以为固（保护财产），礼义以为纪（制定礼教和法律），以正君臣，以笃父子，以睦兄弟，以和夫妇，以设制度（阶级制度），以立田里（划分疆界，土地私有），以贤勇知（养武人谋士作爪牙），以功为己（谋个人利益），故谋用是作而兵由此起（争夺及革命不可避免），禹汤文武成王周公由此其选也（统治阶级的圣人）。……是谓小康。"

原始公社里，由于生产部门的分工，交换关系的增加，以及奴隶的使用在生产上，私有财产逐渐滋长起来。这也意味着原始公社已经在分化，有少数人成为富有者、剥削者、有权者。这些人早已实行继承遗产制，于是发生部落酋长的世袭制。部落酋长早已实行世袭制，于是发生部落联盟大酋长的世袭制。启可以废"禅让"制，说明私有财产制度在禹时基本上成熟了。《礼运篇》说禹时财产公有制度转变到私有制度，这是比较可信的传说。不过，禹、启和夏朝，虽然确立了私有财产制度（主要是土地和某些生产工作者为少数人所占有），产生了阶级社会，百姓（奴隶主）与民（奴隶）两个阶级继续在扩大，百姓群中贵与贱、富与贫继续在分化，原始公社制度继续在解体，但这些都是渐渐地进行的，因之原始公社制度所占的地位也是逐渐缩小的。不能把夏朝看作奴隶国家已经完全成立，只能看作原始公社正在向奴隶制度国家过渡。在过渡期中，国家也就不知不觉地发达起来了。（龙山文化遗址里，也有俯身葬，俯身者很可能是奴隶。）

由于夏朝实行帝位世袭制度，自禹至桀十七帝（十四世）世系分明，制度益趋巩固，形成了一个高出众小邦之上的原始政治机构，也就成为中国历史上第一个朝代。《尚书》有不少篇说到夏朝和商朝，周朝人确认夏、商是"受天命"的正统朝代，商以前有一个夏朝，是不容置疑的。夏朝世袭制度的创始，是社会发展过程中划时代的大进步。因为私有财产制度开始破坏了原始公社制度，从而产生了帝位世袭的上层建筑，它反过来又加速了私有制度的发展。

夏启袭位以后，召集众部落酋长在钧台（河南禹县北门外）大宴会，表示自己正式继位。夷族当然不满意，启放弃阳翟，西迁到大夏（汾、浍流域），建都安邑（山西安邑县西）。与夏同姓姒的部落有扈氏（陕西户县）起兵，反对启破坏"禅让"旧制。启战败有扈，罚有扈氏做牧奴。后来启的儿子们争夺继承权，启放逐小儿子武观到黄河西岸，武观反叛，启派彭伯寿出兵平乱。启喜欢饮酒、打猎、歌舞。启死后，儿子太康继位。太康比启更荒淫，带着家属到洛水北岸打猎，接连几个月。夷族酋长后羿利用夏民（奴隶）的怨恨，夺取安邑，拒绝太康回来，自己做了君长，号称有穷氏。羿是最著名的射手，专喜欢打猎，亲信人寒浞（音浊 zhuó）收买羿家奴杀羿，继承了羿的妻妾和全部家业。

太康失位，逃到同姓部落斟鄩（音针寻 zhēn xún 河南巩县西南）。羿灭斟鄩，立仲康。仲康子相逃到商丘（河南商丘县），被夷族攻伐，又逃帝丘（河南濮阳县），依同姓昆吾（濮阳县西）等部落。寒浞攻杀相。相妻从墙洞爬出，逃归母家有仍氏，生子少康。少康做有仍氏

31

牧官，被寒浞追逐，逃到舜后裔有虞氏（河南虞城县）做厨官。少康很有才能，纠合同姓，攻灭寒浞。太康失去的帝位，经过几十年，又被少康恢复，古史称为"少康中兴"。

帝位世袭是一种新制度，经数十年混乱争斗以后，终于战胜了传统旧制度"禅让"，有扈氏是这个旧制度的牺牲者。后世称他"为义而亡"，其实适合时宜才叫做义，违反时宜便是不义，有扈氏的亡，不是因为"为义"而是因为为不义。

少康灭寒浞，建都禹旧都阳翟。少康子帝杼（音住zhù）北渡黄河，都原（河南济源县），又南渡，都老丘（河南陈留县附近）。《世本》说杼发明甲，加强了兵力，夏势力又向东发展。杼有功业，夏朝用报（答谢）祭礼祭他。帝泄时夷族受夏爵命，大概启夺取的帝位，此时才被夷族所承认。帝胤甲时夏又衰弱，退居西河（河南洛阳到陕西华阴通称西河）。帝皋都渑池附近，帝桀都洛阳。帝胤甲以后，商在东方强盛，夏不敢向东方竞争，终于为商汤攻灭。

战国以前书，从不称夏禹，只称禹、大禹、帝禹；称启为夏启、夏后启。这种区别，还保存两人时代不同的意义。开始居大夏的是启，子孙虽然迁居，夏的名称仍相沿不改。

夏都经常迁移，或东进或西退，说明姒姓势力与东方夷族势力的消长。姒姓部落或国分布地面颇广，据

《史记》说有十余国。姒姓国最著称的是昆吾国，为东方霸主。《史记·夏本纪、越世家》说禹死后葬在会稽（浙江绍兴县），少康封庶子于越，掌管禹的祭祀。《史记》说当是依据战国时人所作的《禹本纪》。甲骨文有戉国，疑即越国。《吴越春秋·越王无余外传》载无余始受封及子孙兴衰等事，似有所据。按照这些比较可信的传说，中国东南方广大地区的越族，远在夏朝与华夏文化就有接触了。

从启至桀十六帝，十三代。据《竹书纪年》说，从禹到桀四百七十二年，《三统历》说四百三十二年。《史记·殷本纪》所记殷王世系，经卜辞证明是正确的。《夏本纪》所记夏帝世系，可信也有所本。

夏 朝 世 系 表

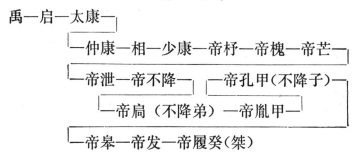

禹—启—太康—
 —仲康—相—少康—帝杼—帝槐—帝芒—
 —帝泄—帝不降— —帝孔甲（不降子）—
  —帝扃（不降弟）—帝胤甲—
 —帝皋—帝发—帝履癸（桀）

第二节　假设的夏朝遗迹

夏朝文化遗址，迄今还没有得到确实的证明。但龙山文化层在仰韶之上，殷商之下，却是确然无疑的事实。本节所说，只是一种假设，合事实与否，有待于更多的地下发掘。

山东济南附近龙山镇的城子崖，曾发见大量古文化遗物，其中有石器、陶器、骨器、蚌器及角器。陶器有白、灰、黑、红、黄等色，以漆黑发光（亮黑），形制精美，陶片薄如蛋壳而又坚硬为特征。凡与城子崖遗物同一系统的文化，统称为龙山文化或黑陶文化。

龙山文化分布的区域很广，东起山东，西至陕西，北至辽东南部，南至浙江，已经证实确为龙山文化的遗址约有二十余处，日后可能有更多的发见，特别是夏朝作为根据地的西部地区。

据传说，有虞氏、夏后氏都尚（上）黑。墨子行夏道，衣服用黑色布。韩非子说，舜和禹都在木制饮食器、祭器外面涂漆，当是尚黑的意思。应用在陶器上，就有黑陶的创造。相传舜陶于河滨，制陶器远在舜以前，舜以制陶器著称，可能有些新的创造。《韩非子·十过篇》说禹作祭器，外面黑色，里面红色，城子崖遗物中正有一种表面漆黑，里面红色，叫做亮黑红的陶器。传说夏有城郭叫做邑，城子崖遗址环绕着长方形的板筑城墙，南北约四百五十公尺，东西约三百九十公尺，住房多在城内。夏朝在东方有不少与国和同姓国，同姓昆吾就是其中最强的一国。东部地区有比较发展的龙山文化，与传说似相符合。

从龙山文化遗物推测当时的社会情况如下：

农业　相传《夏小正》是夏朝的历书。夏帝有胤甲、孔甲、履癸等名，当是农业知识提高了一些，发明节气和干支纪日法。龙山文化遗址里只有石斧、石刀、石铲及蚌锯、蚌刀（蚌刀形状近似镰刀），还没有发现铜器。夏朝铜器可能因太贵重，不轻易遗弃在普通器物中，也可能因最重要的遗址，现在还没有发现，据郑州发掘，商朝早期已有高度的制青铜器技术，似不可断言夏朝只有石器，没有铜器。

畜牧业　城子崖遗址积有大批零整的兽骨，其中以狗骨猪骨为最多，马骨牛骨次之。当时农业工具还没有显著的改进，想见畜牧业在生产中仍有较重要的地位。

制陶　黑陶多为轮制。陶器常见的有盆、盘、碗、罐及豆形器、鼎形器、甗（音献 xiàn）形器、甑形器、鬲（音利 lì）形器、鬶（音规 guī）形器等。陶器种类的繁多及制陶技术的精工，说明龙山文化显然高于仰韶文化。

纺织　城子崖遗物有骨梭与陶制纺轮。骨梭的应用，对纺织是一个进步。

卜骨　城子崖遗址发见十六块卜骨，都带钻痕。推想当时可能有一种叫做巫的人，脱离生产劳动，从事

甘肃临夏出土的铜锥

35

陕西西安出土的陶鬲

山东日照出土的陶杯

陕西华阴出土的陶鼎

山东安丘出土的高柄杯

山东安丘出土的陶鬶

山东日照出土的陶罐

"龙山文化"陶器

祭祀与文化事务。

　　文字的发明是人类社会由野蛮时代转移到文明时代的一个重要标帜，城子崖遗址发见了文字，虽然还不能肯定它是夏朝文字，按照殷墟文字已经达到的程度，上推夏朝已有原始的文字，似乎也是有理由的。

　　考古学上按照遗址的器物主要是陶器的某些特征，为便于说明起见，定出仰韶文化、龙山文化、小屯文化等名称。这是完全必要的，但不可夸大它们的差异性，抹煞它们的共同性，不适当地说是三种不同的文化或三个不同的"民族"。因为它们是一种文化的逐次进展，某些特征表现出它们年代、环境和条件的不同，并不减少它们共同性的显著存在。仰韶、龙山、小屯可以说是一脉相传的华夏文化。

第三节　商　朝　事　迹

──前一五六二年（？）──前一〇六六年（？）

　　商国王姓子，据说是帝喾后裔契的子孙。相传契母简狄吞燕卵生契，尧舜时期做司徒，掌教化百姓。契部落居商丘。卵生的神话，在东方诸族中分布很广。如秦（嬴姓，伯益后裔，周孝王时封于秦）祖先女脩吞燕卵生子大业，清朝祖先布库里雍顺，说是天女佛库伦吞神鹊的红果所生。大概卵生是东方诸族流行的神话，居住东方的黄帝族，也有同类的神话。

自契至汤凡十四代，迁居八次。汤祖先有的用天象作名号，如昭明、昌若、冥、恒；有的用日干作名号，如上甲、报乙、报丁。夏帝胤甲等用日干为名号，在商君上甲以后，想见商人的历法比夏人进步，也就是农业知识比夏人较高。传说汤十一代祖相土发明马车，八代祖冥治河溺死，七代祖王亥发明牛车。《管子·轻重篇》说，"殷朝的先王，……用牛马驾车，有利民众，天下都学他们的制作。"

相传夏朝奚仲造车。相土造马车，王亥造牛车，大大提高了车的功用。王亥驾着牛车，用帛和牛当货币，在部落间做买卖。大概要扩大商业，曾迁居到黄河北岸。后来被有易（狄）族掠夺杀死，王亥弟王恒战败有易，夺回牛车。王亥有这样大的功业，所以子孙祭他用牛多到三百头，礼节很隆重。

汤灭夏以前，商已是一个兴旺的小国，随着商业的进展，交易的货物必需增加其数量，夏后氏早已利用奴隶，商应有更多的奴隶从事生产。商国的农业手工业商业都比夏朝进步，因此造成代替夏朝兴起的形势。

祖先有功德的才用报祭，上甲微到报丁四代都用报祭，想见这四代建立了商的强大基础。

汤从商丘徙居亳（山东曹县），作灭夏的准备。他用伊尹做右相，仲虺（音灰 huī）做左相。伊尹是汤妻陪嫁的媵臣（媵音映 yìng 奴隶），仲虺是夏车官奚仲的后代，仲虺居薛（山东滕县南），是个旧部落的酋长。他得伊尹、仲虺的辅助，国力愈益强大。在伐夏前，商征服了附近的许多小国。

夏桀居洛阳，是夏朝最后的一个暴君。夏民指着太阳咒骂他："你几时灭亡，我情愿跟着你一起灭亡！"夏在东方有昆吾、韦（河南滑县）、顾（山东范县）三个与国。汤灭韦、顾，战败昆吾，乘势攻桀。桀到鸣条迎战，士兵败散，桀不敢回洛阳，逃依昆吾。汤灭昆吾，桀逃南巢（安徽巢县）。夏贵族仍被任用做官。依俘虏当奴隶的惯例，夏民至少有一部分做了商的奴隶。商战胜夏，奴隶制度得到进一步的发展。

汤回到亳都，自称武王。传十代到盘庚，中间迁都五次。从第六代中丁到第十代阳甲，众兄弟之间争夺王位，政治衰乱。国王大造宫室，贵族奢侈腐化。阳甲死，弟盘庚立。墨子说盘庚想稍抑奢侈恶习，借以缓和阶级斗争的激化，强迫贵族和民众渡河迁殷（河南安阳县小屯村），茅草盖屋，减轻剥削，称为中兴贤王。盘庚以后，商又称殷，又称殷商，本名仍称为商。

盘庚传到纣凡八代十二王，只有武丁和祖甲比较贤明。武丁在位五十九年，祖甲在位三十三年，其余多是昏乱的国王，不知道稼穑的艰难，不留心民众的劳苦，一意讲究享乐淫逸。他们的在位年都短促，或十年，或七八年，或五六年，或三四年（《尚书·无逸篇》周公说）。最后的国王叫做纣，是个有文武才能的人，凭

商世系表

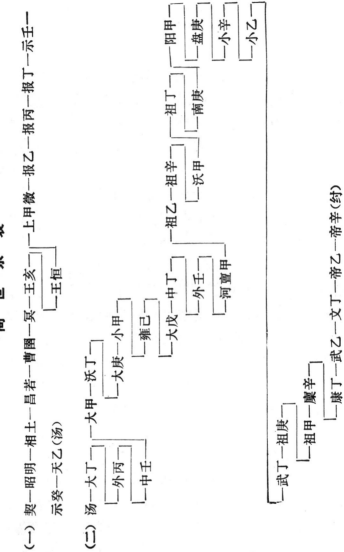

（一）契—昭明—相土—昌若—曹圉—冥—王亥—上甲微—报乙—报丙—报丁—示壬—示癸—天乙（汤）
　　　　　　　　　　　　　　　　　　└王恒

（二）汤—大丁—大甲—沃丁
　　　　├外丙　　└大庚—小甲
　　　　└中壬　　　　　├雍己
　　　　　　　　　　　　└大戊—中丁
　　　　　　　　　　　　　　　├外壬
　　　　　　　　　　　　　　　└河亶甲—祖乙—祖辛—祖丁—阳甲
　　　　　　　　　　　　　　　　　　　　　├沃甲　├南庚　├盘庚
　　　　　　　　　　　　　　　　　　　　　└祖丁　　　　　├小辛
　　　　　　　　　　　　　　　　　　　　　　　　　　　　　└小乙
　　　　　　　—武丁—祖庚
　　　　　　　　　　├祖甲—廪辛
　　　　　　　　　　　　　└康丁—武乙—文丁—帝乙—帝辛（纣）

40

着他的武力，多次攻伐东夷，获得大量俘虏。纣用兵是要增加奴隶，结果却更增加国内的不安，牧野（河南汲县）一战，被周武王攻灭。

武丁是盘庚以后最好的国王。他要用奴隶傅说（音说 yuè）做宰相，即位后三年不管事，自称梦见圣人，名叫说，画出说的面貌，令百官到处去寻找，终于在罪徒中找着了。殷俗信鬼，说做宰相，贵族们不敢反对。当时贵族已经腐败不中用，武丁举傅说做宰相，政治上有些改善，借以缓和奴隶的对抗，商朝因而复兴起来。武丁死后，被称为高宗。

从契到汤凡十四代。从汤到纣凡十七代三十王（汤子大丁早死，不计在内），其中兄死弟继的十四王。商朝年代不可考，《竹书纪年》说四百九十六年，《三统历》说六百二十九年。

第四节　商朝的生产方式

历史学者王国维说，"夏商间政治文物的变革，不象商周间那样剧烈，商周间大变革，……是旧制度废而新制度兴，旧文化废而新文化兴。"（《观堂集林》，《殷周制度论》）王氏虽然不了解历史发展的一般规律，商周间有大变革这一点确被他敏感到了。夏朝世袭制代替了"禅让"制，也就是财产私有制度破坏了公社制度。私有制度在数量上逐渐增长，公社制度依反比例逐渐解体。商经济发展比夏快，力量比夏强，在一定条件下，发生所谓商汤革命。这个革命是私有制度进一步的完成，与夏朝的发展方向，并没有什么根本的不同，因而历史没有留下象商周间那样剧烈斗争的遗痕。

继原始公社制度而起的是奴隶制度，在中国，商正是奴隶制度占主要地位的时代。

《史记·殷本纪》说，中丁迁都于隞（音敖 āo）。近年来郑州发见很多商朝早期的遗址，据考古学者考证，当是隞都或隞都附近的居地。遗址中有制陶场、制骨场、炼铜场。出土器物有青铜制的礼器和工具（镞、刀、钻、鱼钩等）、陶器及釉陶、骨器、蚌器、玉器、象牙梳、编织物、陶埙（音勋 xūn）等。墓葬中殉葬品有金饰、青铜器、玉石、玛瑙、贝壳等。又有殉葬的人和狗、猪。此外，还

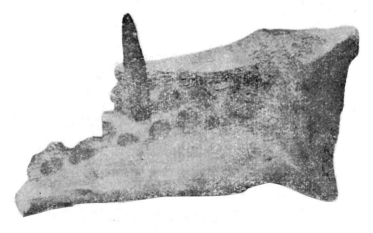

河南郑州出土的商代卜骨及铜钻

发见卜甲卜骨数百片，其中一片刻有文字。在卜甲卜骨上钻孔的青铜钻，同时发见，推想城子崖卜骨上有钻孔，可能也是用的青铜钻。郑州遗址说明，商朝早期已经出现了高度的青铜器文化，从发展的观点看来，商以前的夏朝文化，应该比现在设想的水平高得多。因为任何一种文化，都是由较低级向较高级积累而成的，决没有突如其来的文化成就。

商朝生产工具，主要的已经不是石头工具而是金属工具。大多数石器都非平常用的东西，有的是一种艺术的创造，有的是一种宗教的寄托。又殷墟中发见许多铜器，有矢镞，有勾兵，有矛，有刀与削，有斧与锛，有觚（音孤 gū），有爵，有制铜器的范。铜器中以矢镞为最多。金属原料，只有到了最便宜时，才能用作箭镞。且矢镞的形制也完全一致，铜范技术，确已臻至纯熟境界，没有长期的培养，决不会达到这样的境界。

商朝农业工具不一定用金属制造，因为奴隶缺乏

河南安阳出土的商代铜铲

劳动兴趣，奴隶主不肯给较好的工具使用，怕被他们毁坏。但是，商时农业生产者还有一部分是自由民身分的农民，这些人的生产工具自然会好一些，生产量也自然会高一些。这个表现进步性的生产力，配合奴隶的阶级斗争，最后将破坏奴隶制度并引导社会进入封建制度阶段。

畜牧业在商朝已发展到很高的阶段，后世所有家畜，当时种类全备，而且还有象用于战争和工作。祭祀或殉葬所用牲畜，有时多至数百头，数量可惊。箕子讲《洪范》，第八条叫做庶征。庶征是雨、旸（晴）、燠（闷热）、寒、风五种气候，五种合时，众草茂盛。畜牧业在生产部门中占有重要地位，所以草盛算是好现象。庶征以外，又讲到"岁、月、日、时无易（节气不错误），百谷用成（有收获）"。卜辞中关于农政，如"王呼小臣令众（各种身分的农人）黍"、"王往以众黍于囧（音窘 jiǒng）"之类；关于祈年，如"商受年"、"大邑受禾"、"东土受年"、"南土受年"、"西土受年"、"北土受年"之类，记载甚多，足见农业的重要性超过畜牧业。

商朝农业的状况，可从农业产物以及土地名称看出来。文字中谷类有禾、麦、黍、稷、稻等字，与农业有关的土地有田、畴、井、疆、亩、圃等字。畴字作 等形，象牲畜犁地时拐弯的犁纹（《说文》所谓耕屈之形）， 象牛蹄。犁，甲骨文作物又作牜，象牛拉犁发土形。《山海经·大荒经》说周祖先叔均始作牛耕，被称为田祖。商时有牛犁，似颇可信，但一般农业工具仍是用木制的耒耜。

手工业种类很多，而且分工颇细。殷墟曾发见石工、玉工、骨工、铜工场所。这四种手工业，铜工主要制造兵器和礼器，骨工制造骨镞和其他骨器，大量卜骨都极光滑，当是经骨工磨制。石工玉工主要制造艺术品，玉器是贵族赏玩的珍宝，石器多数也是当作艺术品来赏玩。此外如皮革、酿酒、舟车、土木营造、饲蚕、织帛、制裘、缝纫等，均见于甲骨文，商手工业的颇为发达可以概见。百姓是百工的首领，他们掌握制器材料并占有工作者的身体，因而百姓也称为百工。百工制造各种物品供国王贵族享用，现在殷墟所见大量精美的文化遗物，都是当时手工业奴隶的智慧和劳力所创造的。

商朝早有商业，贝产在海滨，玉产在西方。盘庚称贝玉为"好货"、"货宝"，想见商用手工业制品和外方交易。周公允许商遗民牵牛车到远方做买卖，得利来孝养父母，想见小人（自由民）中有一部分人经营商业谋生。

进行生产和占有生产资料的人，在《盘庚篇》大体可以看出来。《尚书》有《盘庚》三篇。《尚书·多士篇》载周公对商顽民（周称呼所俘获的商贵族为顽民）说，"你们都知道，你们殷先人，有册有典传下来，说殷革夏命。"足见商确有史官所藏的文篇，《盘庚》三篇是无可怀疑的商朝遗文（篇中可能有训诂改字）。盘庚要迁都

河南安阳商代车马坑

到殷，遭臣下反对，盘庚召集臣下到王庭讲话。第一篇
是对众劝告，第二篇是对民威胁，第三篇是到殷以后对
众慰劳。第三篇盘庚说，今天我掏出心腹肾肠，把我的
真心话告诉你们百姓。第一篇所说的众就是第三篇所
说的百姓。百姓是怎样一种人呢？盘庚说他们是共同
掌管政治的旧人，是邦伯、师长、百执事（百官、百工）之
人，他们的祖先，立有功劳，商王大祭先王时，他们的祖

先配享商先王。他们有货宝。他们与商王一心，民就得顺从；他们与商王离心，民就会变乱。显然，百姓是贵族。民是怎样一种人呢？盘庚把民叫做畜民，又叫做万民，畜民是说民贱同牲畜，万民是说人多，数以万计。盘庚告万民说：你们的生命，是我替你们从上天保留下来的（《盘庚中篇》"予迓续乃命于天"），如果不服从我，你们的祖先在天上请求我先王，大大降罚你们。那时候，我把你们杀光，不让你们留下种子，休想到新都去。去罢，你们跟我走，我让你们活下去，还要保护你们的家室。显然，民是生命毫无保障，与百姓完全不同的一种人。

这种万民是从商已久的老奴隶。他们既有家室，就自然要求过着小私有经济的生活。他们是农奴的前身。他们要养活妻子，自愿提高生产力，可是生产关系迫使他们徒劳无所得。这个基本矛盾继续在发展，到了商后期特别是到了纣时，正象《大雅·荡篇》周文王所说，商国内部"如蜩（音条 tiáo）如螗（号呼），如沸如羹（沸腾）"，已经迫近革命爆发点了。商朝奴隶制度的崩溃，正是封建制度的周国与要求封建制度的商万民合力冲击的结果。奴隶也有分别，如耤（音吉 jí）臣是管农业奴隶的头领，牧臣是管畜牧奴隶的头领，宰是手工业和厨下奴隶，其余大都是一般的家内奴隶。数量最大的奴隶是万民，主要用途是从事农业与畜牧业生产，没有万民，不但王和贵族不能生存，其他种类的奴隶也不能生存。

　　商朝生产比夏朝进步，特别是手工业，比夏朝有更大的进步，并且有更大的重要性。在屋下作工的罪人（奴隶）叫做宰，宰是手工业奴隶。管宰的大官叫做冢（大）宰，是百官中权力最大地位最高的一个官。商亡国后，周分商遗民六族给鲁，分七族给卫。十三族中至少有九族是工：索氏（绳工）、长勺氏、尾勺氏（酒器工）、陶氏（陶工）、施氏（旗工）、繁氏（马缨工）、锜氏（锉刀工或釜工）、樊氏（篱笆工）、终葵氏（椎工），这大概是百工的一部分。百工各占有一批技术奴隶，生产各种手工业品。百工率领工奴，冢宰率领百工，所以冢宰能辅佐国王管理国政。周公教康叔杀戮饮酒的商人，独百工犯酒禁可以免死。百工有世传的专门技术，周人农业胜于商人，手工业却远不及商人，周人俘获商百工以后，文化开始作飞跃的发展。百工有技术，为周人所重视，因而农业奴隶可释放为农奴，手工业奴隶直到春秋时才有一部分得到自由，经营私人生产。春秋以前，作工匠的照例是"皂隶之事"。

　　商有一种人称为小人，也称为庶人或庶民，武丁曾同小人生活在一起，祖甲亲自做过小人的事，因之他们做国王后，知道稼穑的艰难，号称贤王。小人是百姓中分化出来的穷人。他们有身体自由。他们领得一小块土地从事稼穑，同时有义务在国王土地上助耕，作为对国王贡纳租赋。他们犯罪或负债就沦为奴隶。这种人

河南安阳商代杀殉坑

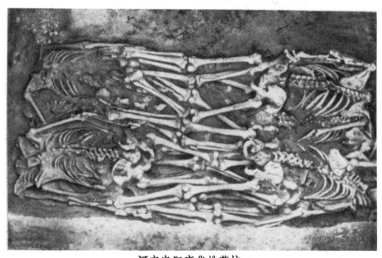

河南安阳商代排葬坑

商朝贵族用奴隶殉葬的遗迹

可称为自由民，身分比奴隶高，是百姓的最下层。

地下发掘证明，殷墓有仰身葬俯身葬两种葬式。一般情况是俯身葬的人，有一个小墓，尸体下铺草席。仰身葬的人，大墓有棺椁，有多量殉葬人和贵重器物；中墓有棺无椁，有殉葬幼童一人（有的中墓无殉葬人），器物若干件。两种坟墓和两种葬式的区别显然就是两个阶级的区别。

商社会由百姓（包括贵族与自由民）与民（包括宰与各种类奴隶）两大阶级构成，可以确定为奴隶制度的社会。

殷墟宫室、大墓葬的规模，手工业品、艺术品的造诣，都说明奴隶主、奴隶两大阶级确实存在，也就是奴隶制度的国家确实存在，因为原始公社决不能创造出那种高度的古代文化来。不过商朝奴隶社会是在它自己具有的条件下发展出来的，和在不同条件下发展出来的其他奴隶社会作比较，当然有发展得充分与否的区别，商朝决不是发展充分的典型，但也不能因此否认商朝实际存在着的阶级社会。

从夏朝起，发展中的私有财产制度逐渐改变了原始公社的性质。公社成员在分化。少数人成为生产资料所有者和统治者，他们的利益主要是发展奴隶制度。大多数人成为自由民，耕种一定数量的田地，并向统治者纳贡。这样，在原始公社的外壳里，除了日益削弱的公社残余以外，还包含着一个日益增长的奴隶制生产

河南安阳殷墟版筑基址和石卵

关系和一个封建生产关系的萌芽。当然，这个萌芽也是增长着的。到了商朝，出现了助法，封建制度事实上已经形成了，不过比起奴隶制度来，它只是处于次要的地位，还不能改变奴隶社会的性质。至于商朝末年才兴起的周国，原是一个受戎狄压迫、奴隶制度很薄弱的小国。因为奴隶制度很薄弱，所以社会的衰朽力量也较薄弱，而自由民的反抗力量却相对地强壮起来，这就使得周国统治者，比商朝更不能完全剥夺自由民的身分及其生产资料，而只能实行较轻一些的剥夺，这也就使得在商朝已经形成但不占主要地位的助法，在周国取得了主要地位，成立了封建制度的先进国家。东方斯拉夫人在原始公社瓦解后，直接产生封建制度，中间没有经过奴隶制度阶段，周国情形是颇有相似之处的。夏商奴隶制度发展而不发达，周奴隶制度更不发展而封建制度却发展较快，把夏商周联贯起来，可以看出封建社会的形成过程。《孟子·滕文公篇》的简括叙述，也可以当作这个过程的一种说明。孟子说："夏后氏五十而贡，殷人七十而助，周人百亩而彻，其实皆什一也"。夏商田亩不能大于百步的周亩。夏生产力低，一人能耕的田亩少，商周生产力逐步提高，一人能耕的亩数也逐渐增加。这种继续上升的生产力和很少促进生产力发展的奴隶劳动是相反的，按照生产力是生产中最活动最革命的要素的原理，它必然要打破衰朽薄弱的奴隶制度，引导社会到较高的阶段上去。贡、助、彻是表现封建生产关系的地租名称。所谓贡，就是自由民耕种土地，统治者依据耕地上若干年的收获量，定出一个平均数，从平均数中抽取十分之一的贡物。遇到凶年，耕种者便有饿死或沦为奴隶的危险。夏朝的贡法，可以说是封建生产关系的最原始形态。所谓助，就是自由民的耕地，所有权被统治者占有了，因此必须替统治者耕种所谓公田（孟子说"惟助为有公田"），公田上的收获物全部归统治者所有。商朝的助法，显然已经是力役地租。周国和周朝也行助法，大抵自共和以后，王畿内助法改为彻法，即实物地租代替了力役地租。贡、助、彻的逐步变化，说明封建生产关系的逐步发展，这和自由民的阶级斗争是分不开的。这个斗争配合奴隶的阶级斗争，就推动社会进入西周的封建时代。

商朝后期是奴隶制度临近崩溃、封建制度开始形成的社会。

第五节　商制度与文化思想

经地下发掘，证明商社会里确实存在着极为明显的两个阶级，这是绝对不容否认的事实。既有阶级，也就有国家，周人称商为大邦、大国，商无疑是一个国家的称号。

甲骨文国字写作或，字义是用武力保卫人口。国字的出现，意味着国家是存在了。国家的存在，足以证明阶级矛盾是不可调和的了。国家是一个阶级压迫别一阶级的机关。它的基本特点是社会政权的建立，构成这个政权的，不仅有武人，而且还有物体的附属品如监狱以及其他种种强迫的机关。商朝有军队与监狱，甲骨文已有明证。又有刑法，周公称为"殷彝"（常法）。《荀子·正名篇》说"刑名从商"，意谓法律应取法于商朝。《韩非子·内储说》上《七术》说商朝法律在街上弃灰的要斩手，刑法如此残酷，当然有一个被残酷统治着的阶级，这个阶级主要是奴隶阶级。

夏是国家机构逐渐形成的朝代，商是国家机构已经形成的朝代，它们有政治制度，所谓夏礼殷礼，到春

商代刻有卜辞的龟甲（拓本）

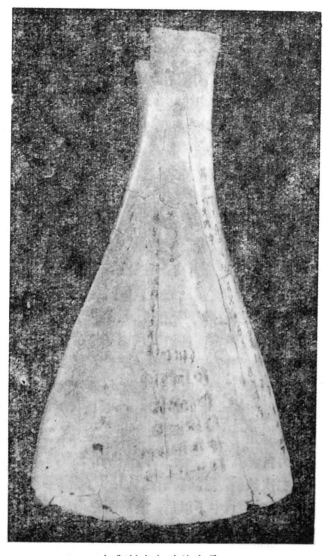

商代刻有卜辞的牛骨

秋时孔子还能讲述。《论语·为政篇》载孔子说，殷礼是沿袭夏礼的，周礼是沿袭殷礼的，只是有的改革了，有的增添了。《八佾篇》又载他说，我能讲夏礼，也能讲殷礼，可惜文字记载和故老口说太缺乏，无法证明讲得对不对。孔子比较夏商周制度，说周朝制度最文明，愿意从周制。从孔子的话看来，周制比夏商进步，但也沿袭夏商制，并非全出新创。例如：

王位继承制 夏帝和商先公都是父子相继（兄弟相继是例外）。商汤子大丁早死，孙大甲年幼，大丁弟外丙、中壬相继立，创继统法的变例。中壬死后，王位仍归大丁子大甲。汤以后王位兄弟相继凡十四人，其中弟传位给自己的儿子凡六次，还位给长兄的儿子凡三次（《史记·殷本纪》说祖乙是河亶甲子，王国维说祖乙是中丁子，兹取王说）。还位给次兄的儿子一次也没有。这些事实，不能断定商朝继统法以弟继为主，而以子继为辅，相反，商朝继统法是以长子继为主，以弟继为辅。不然的话，中壬死后，伊尹为什么立汤长子大丁的儿子大甲。大庚传自己的儿子小甲，破还位长兄子的例，大戊传自己的儿子中丁，又破一次例，这是在王位的弟，凭借权力自私其子，不还给长兄的儿子。两次破例特别是第二次破例，当然要引起长兄子的不满，所以《史记·殷本纪》说，中丁以后，废嫡而立诸弟子，诸弟子或争相代立，殷有九世之乱。中丁到武乙凡九世，九世之乱就是长兄的儿子和弟的儿子争位之乱。自武乙至纣凡四世，废除了兄终弟继制，确定传子制。周代传子制度，应是承袭商制而更加严格。

嫡庶制　如果说商朝以前无嫡庶之制，那末，夏帝和商先公世系，不是虚构便是他们都只生一个儿子（仅帝泄、冥有二子），这是讲不通的。商王婚姻是一夫一妻制，实际是多妻制，自汤至纣三十王，从无一人生过五个儿子（仅祖丁有四子），这也是讲不通的。正因为商有嫡庶的区别，嫡子继承王位，庶子不得继承（多妻制的嫡妻生子不多并非怪事），所以有兄弟最多不过四人的现象。周制嫡长子代代相传，比殷制更加严密。

同姓通婚制　商朝同姓在一定限制以外，可以通婚姻，周制凡同姓，不管如何疏远，就是相隔许多代也不得通婚。"男女同姓，其生不蕃"（《左传》僖公二十三年）是长时期积累起来的经验，不能看作殷人不知道，周初人才突然发见。而且周人同姓不婚制，主要还在联异姓为甥舅，政治意义大于生育意义。说周以前"无女姓之制"（王国维《殷周制度论》），理由似不够充足；说男女之别，周较前代为严，则是事实。

分封制　商王嫡子有王位继承权，某些庶子则有分封权。商末有微子、箕子，相传微、箕是二国名。《史记·殷本纪》说"商子孙分封，以国为姓，有殷氏、来氏、宋氏、空桐氏、稚氏、北殷氏、目夷氏"。《世本》有时氏、萧氏、黎氏。周初大封兄弟和同姓国，是商分封制的扩大，并非新创。同姓或异姓国中，有侯爵国，如侯虎、侯喜、侯光、侯来甲及攸侯、犬侯、周侯、杞侯、亚侯等；有伯爵国，如儿（同郳 ní）伯、㠱（同有）伯；有子爵国如箕（山西榆社县）子、微（山西潞城县）子。他们都服从商王命令，或奉命出征，如呼雀伐戠（命雀国伐戠国）；或互通聘问，如往雀，戉（疑即越国）来归；或助祭宗庙，如井方（国名）用豕（音至 zhì 猪）来祭汤；或做王官，如鬼侯鄂侯周侯为纣辅佐。这种制度为周所承袭，并进一步确定诸侯对王室的关系，即大小封建领主对最高领主周王的隶属关系。

周朝废除商朝的用人殉葬制和用人作祭品制，是有重大进步意义的。在奴隶社会里，奴隶被当作牲畜一样来屠杀，周朝废除这种制度，表示人和牲畜有区别了。

在阶级剥削的基础上，商朝文化比夏朝有极显著的进步，庶民（下层百姓与万民）劳动，培养出拥有较高知识的人物巫和史。巫史都代表鬼神发言，指导国家政治和国王行动。巫偏重鬼神，史偏重人事。巫能歌舞音乐与医治疾病，代鬼神发言主要用筮法。史能记人事、观天象与熟悉旧典，代鬼神发言主要用卜（龟）法。国王事无大小，都得请鬼神指导，也就是必须得到巫史指导才能行动。《尚书·洪范篇》，据说是周史官记录箕子所说殷政治文化的纲要，大体可信。《洪范篇》说"你（国王）有大疑难的事，自己先想一想，再和卿士（高级贵族）商量，和庶民商量，和卜筮商量。"卜筮在商量中的重要，可从下表看出来：

赞同	反对	赞同	反对	赞同	反对
王		王			王
龟		龟		龟	
筮		筮		筮	
卿士			卿士	卿士	
庶民			庶民		庶民
（一）大同（大吉）		（二）吉		（三）吉	

赞同	反对	赞同	反对	赞同	反对
	王	王		王	
龟		龟			龟
筮			筮		筮
	卿士		卿士	卿士	
庶民			庶民	庶民	
（四）吉		（五）做内事吉 做外事凶		（六）不行动吉 行动凶	

龟筮一致赞同，即使王和其他一种人反对，事情仍吉可行。龟和筮意见不一致，就不可对外行动。龟筮一致反对，即使王、卿士、庶民都赞同，也不可行动，龟筮有决定行动的权力，说明巫史知识高于一般人，为人所信服。中国古代文化，包括文学、音乐、艺术、医药、文字、天文、历法、历史等学科，在商朝都奠定了初基，

例如与农业关系最密切的历法，商朝已知道四分历并知道加入闰月（十三月），知道推测冬至点，以丑月（阴历十二月）为岁首，虽然还不能测定冬至点真实所在月（子月），比夏历建寅，是有所改进了。依据历法所达到的水准，可以推想其他学科的一般水准，大体上是相适应的。这个文化的代表人主要是巫和史，创造这个文化的主要是奴隶劳动。

奴隶劳动又培养出一群掌握专门技术的百工。百工是百姓中占有手工业奴隶的奴隶主，他们世代相传，积累起手工业技术方面的专门知识，为当时各侯国所望尘莫及。殷墟出土的司（祠）母戊鼎，重约八七五公斤，带耳高一百三十七公分，长一百一十公分，宽七十七公分。鼎身以雷纹为地，上有龙纹盘绕，四角为饕餮（音滔帖 tāo tiè）纹。没有细致的分工与优越的技术，不可能制造这样的大鼎。殷墟出土大石磬，长八十四公分，高四十二公分，正面刻伏虎纹，极为工整，没有发达的音乐与精巧的琢工，不可能产生这样的大磬。郑州二里冈出土的商朝全身上釉的陶器，为瓷器的发明创造了最初的基础，意义尤为重大。其他代表商朝文化的遗物还很多，而且还会有更多的珍品继续发见，这都是手工业奴隶和百工的体力智力的结晶，从此再前进一步，便成为更灿烂的周朝文化。

在奴隶社会里，奴隶被奴隶主看作一种财物，丝毫没有人的意义（二里冈发掘证明，人骨与兽骨同作制器

河南安阳出土的商代大石磬

河南安阳出土的商代司母戊大方鼎

原料），奴隶主则是握有莫大威权的人。他们威权的来源是天命，天命的表现是鬼神的启示。殷墟卜骨数以万计，事无大小，都要请问鬼神，与周朝显然不同。这是因为西周已经进入封建制度社会，农奴被封建主看作一种贱人，虽是贱人，到底算是人了。对人的统治，应以政治为主，鬼神为辅，属于西周部分的《尚书》和《诗经》都证明了这一点。商朝是对物的统治，而所谓物实际是有知识的人，把人说成物，除了假借天命鬼神，不可能有其他理由。商统治者遇事必卜，表示自己的行动都是符合天命神意的，万民不服从天命神意，那就该杀了。商朝特别崇拜鬼神，祭祀祖先的次数极为频繁，所用牺牲甚多，显而易见，这种宗教的虔诚，里面包含着残酷的阶级压迫。

奴隶死亡率无疑是很高的，奴隶主必须补充他们的奴隶。取得奴隶的方法，大致是(一)对外作战，捕捉俘虏。商时战争频繁，见于卜辞。殉葬用的人有时多至千百人，足见俘虏易得，奴隶来源旺，多杀不足惜。(二)对内用刑。商刑法严重，一人受罚，妻子为奴。(三)大奴隶主吞并小奴隶主，如纣王凭借势力大，吸收大量逃亡奴隶。在这种情况下，形成商人求富的思想。《洪范》讲五福，富居第二位；讲六极(恶)，贫居第四位。讲贫富不讲贵贱，不同于周人尊礼(分别贵贱)的思想。《礼记·祭义篇》说"殷人贵富"，《表记篇》说"殷人尊神，率民以事神，先鬼而后礼(礼属人事)，先罚而后赏

（重刑罚），尊而不亲，其民之弊，荡而不静，胜而无耻"。这就是说，商朝统治阶级以增加自己的财物为急务，只要取得财物，不顾什么廉耻。所谓财物，主要的自然是奴隶。

照现有《尚书》中的《商书》和地下史料说来，商是中国用文字传下来的历史的开始。

简　短　的　结　论

由于生产力的进步，由于俘虏的增加，私有财产制度逐渐发展了。达到一定的限度，私有制度就要在政治上有所表现，夏后启废"禅让"为帝位世袭，正是这种表现。

帝位世袭比"禅让"是一种含有进步意义的新制度。凡是一种制度当它是新的时候，总要遭到各种形式的阻碍。有扈氏反对帝位世袭，羿夺夏帝位，寒浞篡羿位，实际上都是社会衰朽力量的表现。夏后氏与有扈氏、夷羿、寒浞间长期战斗，正是新制度与社会衰朽力量间的斗争。新制度经过斗争，必然要取得胜利，因为正在发展着的力量是无可遏止的，少康中兴就是新制度取得了胜利。

私有制度在夏朝继续发展着，公社制度也愈益瓦解着，国家组织逐渐形成起来，虽然只是一个雏形，在历史上却有重大的意义，所以正式朝代从夏朝算起。

东方新起的商，生产力比夏进步，利用夏桀国内的阶级矛盾，武力灭夏，建立起一个商王国。

这个王国建立在奴隶制度上面，它有政治机构，有官吏，有刑法，有牢狱，有军队，有强烈的宗教迷信，有浓厚的求富思想。奴隶主阶级驱迫奴隶从事劳动生产，自己凭借武力享受着奢侈放荡的富裕生活。

奴隶劳动产生了相当高度的古代文化，特别在手工业方面，有卓越的成就，周朝封建文化的一部分，继承商百工技术的优秀传统，才得到发展。

因为商朝生产力并不很高，不能促使生产关系起剧烈的变化，对旧传公社制度，破坏是有限度的，奴隶制度并不能冲破原始公社的外壳。

商社会内部发展着尖锐的阶级斗争（《尚书·西伯戡黎篇、微子篇》，《诗·大雅·荡篇》记商内部情形）。一方面是奴隶主进行残酷的剥削，过着极端腐化的生活，一方面是有家室的老奴隶要求转化为农民，过着小私有经济的生活。到纣王时，革命危机成熟了，周武王伐纣，促成了这个革命的爆发，其表现是纣兵在阵上起义（有家室的老奴隶可以当兵，有实例可证）。

有自由民身分的小人，也是封建制度的有力拥护者。

第 三 章

封建制度开始时代——西周

——前一〇六六年（？）——前七七一年

第一节 古公建立封建制度的周国

周国君姬姓，相传是帝喾后裔弃的子孙。有邰氏
（邰音台 tái 陕西武功县）女姜嫄生弃。弃在"禅让"时代
做农官。周人传说，弃是开始种稷和麦的人，因此尊他
为农神，号称后稷。弃子孙世世重农，公刘迁居豳（陕西
旬邑县），改善农业，颇有蓄积，部落兴旺起来。从公刘
到古公亶父凡十代，都住在豳地。《诗经·豳风·七月
篇》就是追述周先公居豳时的农事诗。诗中叙述公子和
田畯（音俊 jùn 督耕人）早晚监督着农夫农妇整年不息
地为公家作工。农夫种地、打猎、修宫室、凿冰块，农妇
养蚕、纺织、制衣裳狐裘。公家给农夫农妇衣服（"九月
授衣"）饭菜柴火（"采荼（音途 tú 苦菜）薪樗（音初 chū 臭
椿），食我农夫"）。只有打猎时所得小兽，允许农夫私
有，其余生产物全部归公。这样的生活，很象是奴隶的

生活。《七月篇》和其他叙述农事的诗篇作比较，确有显著的区别。《七月篇》的农夫，公家给衣食，其他诗篇的农夫则有自己的经济；《七月篇》的生产规模看来并不大，其他诗篇则是公田上有成千成万的农夫；《七月篇》的农妇同农夫一样为公家作工，其他诗篇则只有农夫耕公田。把《七月篇》说成西周中叶或春秋中叶以后的诗篇，是缺乏根据的。《七月篇》应如汉经师所说，是西周初年人追述周先公时农事，那时候周社会正经历着很不发展的奴隶制阶段。因为周先公从经验中知道鼓舞农夫们的生产兴趣是增强生产力的一个重要条件，所以他们对待农夫的态度，不象一般奴隶主对待奴隶那样残暴。农夫出耕的时候，周君带着妻子到田地上举行馌（音叶 yè）礼，表示给农夫亲自送饭。农事完毕的时候，农夫到公堂上饮酒吃羊肉，欢呼"万寿无疆"，让农夫一年勤苦得到慰劳。这个经验的发展，就有可能把奴隶抛弃而宁愿利用农奴。当然，奴隶的阶级斗争是周先公取得经验的主要原因。

古公亶父被戎狄侵略，无力抵抗，率家属和亲近奴隶迁居岐山下周原（陕西岐山县）。豳和其他地方的自由民，说古公是个仁人，扶老携幼都来归附，人口比居豳时更多。古公不可能供给这些归附人衣服食物，也不可能迫令这些自由民充当奴隶。在戎狄威胁下，古公为缓和内部矛盾，采用商原有的助耕制，借以抵抗戎狄，这也是很自然的。这样，新的生产关系即封建的生产关系在周国里成为主要的生产关系了。古公在周原上筑城郭室屋，以邑为单位居住归附人，改革戎狄旧俗，设立官司，形成一个粗具规模的周国。这个新的封建生产关系，是适合当时生产力发展的趋势的，因而产生了对生产力的促进作用。经王季文王武王三世继续发展，终于强大到足以翦灭大国商。它的重大意义，周人是有足够认识的。文王称王，追尊古公为太王，因为周朝王业从太王开始。《鲁颂·閟（音必 bì）宫篇》也说，"后稷之孙，实维大（太）王，居岐之阳，实始翦商。至于文武，缵（继）大王之绪（事业）。"太王不可能有翦商的意图，所谓实始翦商，正是指太王创立了新制度的小国，文武继续这个事业，因此完成了翦商的王业。

太王生三个儿子：太伯、虞仲（即仲雍）、季历。季历生子昌。古公爱昌，希望昌能够早日得到继承，太伯、虞仲就因此逃往长江下游（春秋时吴国，即虞仲后裔），让季历继承周国。季历时周渐强盛，商王承认季历做西方的霸主，号称西伯。商王文丁感到周国的威胁，杀死季历。昌做周君五十年，一手造成灭殷的事业，晚年自号为文王。

《孟子·梁惠王》等篇说周文王行仁政，先从经界（划分田地）开始。农民助耕公田，纳九分之一的租税。八家各分得私田百亩。大小官都有分地，子孙继承，作为公禄。商贾往来，关市不收税，水泽里捕鱼不禁止，一人犯罪，妻子不连坐。孟子所说，是否真实，无可稽考，但从《诗经》叙述文王及西周初年事的诗篇里看来，当时确已实行着封建制度。例如《大雅·灵台篇》说文王要筑高台，庶民象儿子替父亲做事那样踊跃，很快就筑成（"庶民攻之，不日成之。经始勿亟，庶民子来"），这很不象是奴隶替奴隶主服役的景象。封建制度在进步时期，却可以有这种景象。《召南·行露》（"虽速我讼，亦不汝从"）、《摽（音 biào）有梅》（"求我庶士，迨其吉兮"）、《野有死麕（音军 jūn）》（"有女怀春，吉士诱之"）等篇，说民间婚姻事，并无奴隶主指配婚姻的形迹。《豳风·东山篇》叙述周公东征三年，兵士们归来的情形。诗中第二章描写兵士们想念他们荒凉冷落的小农村，说"不可畏也，伊可怀也"。第三章描写兵士想念妻子，知道妻子也在想念他。第四章描写兵士归家新婚的欢乐。对这个荒村留恋不舍的人，应该是附着在土地上的农奴或农民，要说成奴隶是很难的。

文王施行仁政，就是说文王推行封建制度。这在当时，周国的政治对邻国自然发生非常巨大的影响。《召诰》说"殷民带着妻儿想逃出国境，被纠禁止"，足见商及其他小国的庶民和失意贵族不少逃入周国。周势力继续在扩大，文王不仅保持西伯名号，到后来还"受天命"称王，准备灭商朝。这些，都是封建制度进步性的事实表现。

文王时封建制度虽已形成，但只是一些原始的制度。南宋洪迈《容斋四笔》记瑶人事说"瑶人男丁从酋长领得耕地,不纳租税,只服劳役。有罪受酋长裁判"。范成大《桂海虞衡志》记苗人事说"苗人酋长称为主户,主户计口给苗民田地,称为田子或田丁。领得的田,不许典卖。此外俘虏或买得人口,男女相配,给田耕种,称为家奴。"周国的封建制度,也许比洪、范二氏所记要高一些,但也不会高得太多,显著的发展是在武王克商以后。

周本是西方小国,几十年工夫,居然灭商,成立一个大朝代,这自然是由于商朝奴隶主阶级极端腐化,势必崩溃,同时也是由于周国已经形成新制度的社会,而新制度社会必然要战胜旧制度社会。

第二节　周怎样灭商

盘庚迁殷,原想纠正贵族的堕落腐化,可是武丁以后,他们腐化更甚,到纣时达到最高程度。他们一般的生活,是淫乱好色,是打猎游玩。他们荒废耕地,让麋鹿禽鸟生长。他们想出各种残酷的刑罚,榨取财物。他们招诱别人的奴隶,供自己使用。特别是日夜酗酒,照周公《酒诰篇》说来,商整个统治阶级沉溺在酒里,腥秽上冲,连天都发怒了。商统治者提倡畏敬鬼神,但他们甚至偷祭神的牺牲来享受。《微子篇》说"小民方兴,相为敌仇",奴隶和下层百姓起来反抗贵族,方兴未艾,商王国显然非崩溃不可。

周文王的政治，与商朝正相反，他禁止饮酒打猎；他施行裕民（使民富裕，《康诰篇》"惟文王之敬忌，乃裕民"）的政治。所谓裕民，就是征收租税有节制，让农家有些蓄积，发生劳动的兴趣。《尚书·无逸篇》载周公训戒成王说，文王勤俭，穿着普通人的衣服，到田地上劳作，借以知道农夫的辛苦（"文王卑服，即康功田功"）。文王亲自种田，与"不知稼穑之艰难"的商王，恰好成显著的对照。他又针对着殷纣招诱奴隶，为其他小国所怨恨的形势，定出一条"有亡（奴隶逃亡）荒（大）阅（搜索）"（《左传》昭公七年）的法律，就是说，谁的奴隶归谁所有，不许藏匿。据春秋时楚国申无宇说，这是周文王得天下的重要原因之一。事实很明显，这条法律的制订，并不意味着周文王维护旧存的奴隶制度，只不过是用来争取与国，孤立商王纣的一个手段。而且必须承认，在封建社会里，仍有很多奴隶存在的事实。

文王战败西戎混夷，又灭附近几个敌国。拓境西到密（甘肃灵台县），东北到黎（山西黎城县），东到邘（音于 yú 河南沁阳县附近），对纣都朝歌（河南淇县），取进逼的形势。他又扩充势力到长江汉水汝水三个流域，教化那里的蛮夷，称为江汉汝坟之国，也称为南国，也称为周南召南。南国是周基本力量的一部分。文王晚年，已经取得了当时所谓天下的三分之二，灭商的条件成熟了。

公元前一〇六六年（据《史记·周本纪、鲁世家》以及《竹书纪年》年代推算，武王克商当在此年），即文王死后四年，武王发载文王木主去伐纣。据说，周先派间谍到商，察看国情，回来说：坏人执政当权，昏乱极了。武王认为时机未到。又来报告：好人全被斥逐。武王还认为时机未到。最后报告：百姓闭口不敢说话了。这一年，周国正遭遇饥荒，农夫们愿意出去作战，借以取得食粮。武王动兵出征，据《史记·周本纪》说，有兵车三百乘，士卒四万五千人，虎贲（冲锋兵）三千人。行军中前歌后舞，士气旺盛。许多友邦和庸、蜀、羌、髳（苗）、微、卢、彭、濮八个南方小国都率兵来会。武王在牧野（河南汲县）誓师，指责纣听信妇言，不祭祀祖宗，不信任亲族，招集四方罪人和逃奴，尤其是第四条罪状，引起从征各国的敌忾心，要和纣决战。纣兵十七万人（一说七十万人），倒戈反攻，引导周兵杀纣。周兵正月（子月）底出发，二月（丑月）底攻入朝歌灭商，兵力比纣小得多，成功却这样快，主要原因是商兵（有家室的老奴隶和自由民身分的小人）阵上起义，欢迎周对自己的拯救。

周兵入纣都，大有俘获，据说，光是宝玉佩玉就多至十几万块，其他财物可以想见。西周文化得以迅速发展，这也是一个重要的原因。

周虽然战胜，按惯例必须保存商祭祀。武王封纣子武庚为诸侯，分商地为三部，命自己的兄弟管叔、蔡叔、霍叔各据一部，监视武庚，称为三监。武王灭商后两年病死。子成王诵继位，武王同母弟周公旦摄王位，代行国政。成王和大臣召公奭（音式 shì）等疑忌周公，三叔也造谣说周公要谋害成王。继承问题引起周内部的不和，武庚看有机可乘，联合东方旧属国奄（山东曲阜县）、蒲姑（山东博兴县）及徐夷、淮夷起兵反周。周公处在内外交攻的地位，非常困难。他首先向召公恳切解释，稳定内部，随后自己带兵东征。武庚军队遇到周兵，不战溃散，周公杀武庚，黜三叔，攻灭奄等十七国。商贵族（士大夫）当了俘虏，被周人称为献（字形亦作鬲）民、民献、人献或献，他们反抗周的统治，所以也被称为顽民或殷顽。

顽民原来是大小奴隶主，现在当了俘虏，丧失过去的威福，顽固地反抗周统治是很自然的。周公知道留顽民在商地，将继续反叛，必须迁居洛阳，才能就近管束。他先宣称迁顽民到黎水地方（河南浚县东北），地近朝歌，顽民相当满意。周公卜问鬼神，得卦不吉利，于是改卜别地，说洛阳最好。商人信鬼，这样，把顽民迁到洛阳。

周公召集商旧属国，来替顽民筑城造屋，新城很快造成，号称成周。同时也召集周属国，在成周西三十余里筑城，称为王城。派八师兵力（一师二千五百人）驻成周，监视顽民。《尚书·多士篇》周公诰诫顽民说，你们受天罚，本当杀死，我保留你们的生命，应该感恩做

72

我顺民。现在分配住屋田地给你们，安心谋生，如果再反抗，那是你们自己不要生命。又劝诱顽民说，你们只要安居乐业，你们的子孙会兴盛起来的。顽民处在这样的环境里，也只好逐渐软化降服。周公死后，第二子君陈替周公管理成周，不敢疏忽，足见周初顽民问题的严重，因为要把奴隶主变化为从事劳动生产的庶人，是一件很不容易的事。

武王克商与周公东征两次大战争的取得胜利，都是配合着殷奴隶兵阵上起义。奴隶助战有功，自然要改善原来的地位。康叔封卫以后，按周国土地法分给耕地，所谓"彊（强）以周索（法）"（《左传》定公四年），就是释放农业奴隶为农奴，从此卫为西周大侯国，不再发生叛变。商顽民迁离本土，势力大减，一部分居住成周作庶人，一部分被赏赐给周贵族，作奴隶或庶人，大盂鼎"人鬲（献）自驭（音御 yù）至于庶人六百又五十又九夫"，驭是奴隶，庶人是农奴一类的人，身分不同，当是按罪行的轻重，予以处置。周初专力感化居住成周的顽民，成为当时最重大的政治问题，周朝终于胜利了。

第三节　周初大封建

武王克商后，开始分封诸侯。周公杀武庚，灭东方十七国，才实行大封建。《史记》说武王首封太公于齐、周公于鲁，恐不可信。武王、周公、成王先后建立七十一国，其中兄弟（周公的兄弟）十五人（一说十六人），同姓四十人，周子孙一般都得到封地，做大小诸侯。孟子说，周公灭五十国。《逸周书·世俘解》说，自武王以后，周共灭九十九国，降服六百五十二国。上述国数未必可信，但灭多数小国，建立较大的侯国，降服多数小国，使遵守周朝制度，向周王朝贡，则是事实。周初大封建，对商朝原始小邦林立的现象说来，多少含有统天下于一尊的意义，显然是一个进步。强迫奴隶制度的小邦接受周朝的封建制度，更是一个重大的进步。

商朝有侯、伯、子等爵位，有侯、甸、男、采、卫等五服名称。周制分公、侯、伯、子、男五等爵位。侯、甸、男、卫称外服，封在外服的是正式的国家。采称内服，封在内服的是卿大夫食邑。服定贡赋的轻重，爵定位次的尊卑。晋国侯爵，列在甸服，曹国伯爵，列在甸服，郑国伯爵，列在男服。受封者接受周天子的爵和服，政治的经济的正式关系才建立起来。周灭商以前，周国内有周公、召公、毕公、太公、康叔等人的封邑；灭商以后，封建制度扩大到周势力所达到的地方，在奴隶制度的废墟上建立起许多封建制度的国家。

周要统治广大新疆土，必须建立属国，拥护王室。当时最难平定的是商贵族，周公迁他们到成周，封同母弟康叔做卫侯，统治旧商国的遗民。他教训康叔说，你对一般平民要宽厚，行施文王的裕民政治，不要枉法杀人。对掠夺财货，不孝养父母，不和睦兄弟的商人，用严刑诛戮。商人群聚饮酒，除了百工，不论是谁，全数拘获送周京，我杀戮他们。康叔封地最大，权势最重，带八师兵力镇压商人，在当时是主要的侯国。

东方奄和蒲姑两个大国，曾助武庚叛周。成王把奄国封给周公长子伯禽做鲁侯（都曲阜），又封外祖父太公吕尚做齐侯。吕尚都营丘（山东昌乐县），灭蒲姑国。齐鲁两大国代替奄和蒲姑，商不能反叛了。召公的儿子封燕（故都在易，河北易县。后迁都蓟，北京），成王弟叔虞封唐（都唐，山西太原县，后称晋国）。从远大处安设据点，抵御戎狄，掩护卫周两国，受封者都是周朝最重要的贵族，足见周初分封确有政治上的远见。

当武王克商时，纣庶兄微子启抬着棺材到军前投降。武庚死后，周公把商旧都商丘封给微子，爵为公，国号宋。宋附近有陈（舜后裔。都宛丘，河南淮阳县）杞（夏后裔。河南杞县）焦（炎帝后裔。安徽亳县）三个国家，隐含监视宋国的意义。

周初南方没有强国，汉水流域有些姬姓小国，并不被重视。成王封熊绎（音易 yì）做楚蛮小国君，岐阳大盟会，派熊绎和鲜卑（东胡小部落）看守祭神火堆，不得正式参与盟会。后来楚强大，怨恨周朝，自称楚王，成为南方大国。凡周势力不能控制的地方，强国甚至小国多自称王，不向周天子朝贡。

西周封建制度与宗法有密切的关系。周天子自称是上天的元子（长子），上天付给他土地和臣民，因此得行施所有权。天子算是天下的大宗，同姓众诸侯都尊奉他做大宗子。天子分土地臣民给诸侯或卿大夫。大侯国如鲁卫晋等国附近，封许多同姓小国，小国君尊奉大国君做宗子，如滕宗鲁，虞宗晋。一国里国君是大宗，分给同姓卿大夫采邑，采邑主尊奉国君为宗子。采邑里采邑主分小块土地给同姓庶民耕种，同姓庶民尊奉采邑主为宗子。同姓庶民有自由民身分，不同于农奴身分的庶民。天子封同姓诸侯以外，又封异姓诸侯。诸侯在国内也分土地给异姓卿大夫。自天子以至于卿大夫采邑都分小块土地给非同姓庶民（农奴）耕种。同姓与非同姓两种庶民，分得小块土地，成为户主，做一家人的尊长。户主由长子继承，诸子称为余夫，或分得更小的一块土地，或谋其他生计。《礼记·坊记篇》载孔子说"天无二日，土无二王，家无二主，尊无二上"，实际意义就是土地一级一级自上而下归一个人所有。周制同姓百世不通婚姻，这样，各国间同姓既是兄弟，异姓多是甥舅，彼此都有血统关系，可以加增相互间的联系。周天子称同姓诸侯为伯父叔父，称异姓诸侯为伯舅叔舅。诸侯在国内称异姓卿大夫为舅。想见有宗的庶民与无宗的庶民互通婚姻，同样也保有甥舅关系。上起天子，下至庶民，在宗法与婚姻的基础上，整个社会组织贯彻着封建精神，而最真实的经济基础自然是封建土地所有制。

76

以土地为枢纽，凡授予土地者有权向接受土地者征收贡赋，反之，接受土地者有义务向授予土地者纳贡服役（包括兵役）。天子是最高的土地所有者，有权向每一个生活在土地上的贵族和庶民取得贡赋，也有权向接受土地者收回土地。行施这种收回土地权，依靠武力和刑法。行施取得贡赋权的方法是(一)庶民助耕公田;(二)诸侯采邑主朝觐贡献。《尚书·洛诰篇》载周公教成王说，"你得用心考察众诸侯谁纳贡，谁不纳贡。纳贡的如果礼貌不好，即是侮慢王朝，等于不贡。诸侯不贡天子，庶民也不贡诸侯，政治就乱了。"《小雅·北山篇》说，"溥天之下，莫非王土;率土之滨，莫非王臣。"这些话的内容就是天子有权直接或间接向庶民取得贡赋。《左传》哀公十一年载孔子说，周公定贡赋法有三个原则："施恩惠要厚，用民力要平，收租税要轻。"文王以来，一向施行裕民政治，周公扩大了施行的地区。在这个广大地区上，由于新的生产关系的建立，农业劳动者从牛马生活的奴隶变为小私有经济生活的农奴，生产力提高了。各级封建主从农奴那里榨取生产品比榨取奴隶要顺利些，所得的物品也要多些，这样，剥削者的利益暂时得到满足，把干戈弓矢收起来了（《周颂·时迈篇》"载戢（音集 jí）干戈，载櫜（音高 gāo）弓矢"）。农奴们愿意从事生产，封建主愿意暂停战争，因此西周初期，即所谓成康之世，无论在政治上经济上都表现出前所未有的大进步，《诗经·周颂》正是叙述

鼎上有铭文二百九十一字。铭文中有"不（丕）显玟（文）王，受天有大命"，"受民受疆土"等语，可与《尚书·梓材篇》"皇天既付中国民越厥疆土于先王（文王）"语互证，说明最高封建主（天子）自称他的所有权的来源。

陕西郿县出土西周铜器大盂鼎

这个大进步的可靠诗史。

天子封给诸侯土地（如伯禽得奄地为鲁国，康叔得商地为卫国）和臣民（如鲁治奄民，卫治殷民），要举行授土授民的仪式。周公封康叔为卫侯，司空聃季（聃音丹 dān）授土，司徒陶叔授民。授土是天子建立一个大社，封诸侯时凿取一块社土，放在白茅上，赐给受封诸侯，称为受土于周室。授民是将原来居住在封地上的民交给受封者，有些受封者还得到附加的民，交给时指明民的身分和数目：如给鲁国殷民六族，卫国殷民七族，晋国怀姓九宗。又如赐臣、仆（奴隶）若干家，人献或民献（殷俘）、庶民或庶人（农奴）若干夫或若干人。据金文所记，庶民的数目一般总比臣仆多，因为封建主剥削的对象，主要是庶民。庶民也有家，不过对封建主只是本人负纳贡赋服劳役的责任，所以称夫或人，臣仆一家人都归主人所有，所以称家（夫与家的名称自然也不可太拘泥）。

经授土授民以后，土地臣民名义上仍是王土王臣的一部分，事实上受土受民的人有权割让或交换，等于私有了。《大雅·瞻卬（音仰 yǎng）篇》，"人（指领主）有土田，汝（指幽王）反有（夺取）之；人有民人，汝覆夺之。"领主们的所有权，天子是不该无故侵犯的。包括在民里面的臣，与众（庶）比较，臣在农业生产上给主人的利益是较小的。农业部门臣与众并用，其趋势自然是臣逐渐减少，众逐渐增加，也就是在封建制度社会

79

里，残存的奴隶制度逐渐在缩小。大克鼎铭文记厉王赏克田七区，其中一区注明"以（与）厥（其）臣妾"，想见臣妾用在耕作上比较是少数。曶（音忽 hū）鼎铭文也显示了这个趋势。曶鼎铭文记某年饥荒，小采邑主匡季率臣二十人抢小采邑主曶的禾十秭（音子 zǐ），曶到东宫诉讼。匡季出五田、一众、三臣给曶谢罪。曶定要偿还禾。东宫令匡季偿还禾二十秭，如明年不偿还，则加倍罚四十秭。匡季宁愿再添二田、一臣给曶，曶减免匡季三十秭。这里众与臣身分区别甚分明，所谓众，就是庶民也就是农奴。臣是在田上耕作的奴隶。这四个臣与众在一起，所以也同称为夫。荒年时，主人要负责维持臣的生活，匡季被迫率臣去抢粮食，受东宫的重罚，宁愿多送出几个臣去赎罪，不愿多出禾，也不愿多出众，足见西周时耕种的人有农奴有奴隶，比较起来，主人还是要农奴。曶曾在其他一次诉讼获胜时得五夫，曶拜稽首受这五夫，还用酒、羊和丝给五夫，要他们安心住在邑里种田。田必须人种，人又会逃走，这就可以推知曶为什么给他们酒羊，也可以推知封建主为什么会抛弃奴隶宁愿利用农奴的原因。

第四节　西周的经济结构

周祖先后稷居邰。公刘居豳。太王居岐，开始称周。王季居程（陕西咸阳县）。文王居丰（陕西长安县）。武王居镐（音号 hào长安县）。丰邑在丰水西，镐京在丰水东），称为宗周。成王造洛邑，称为东都。

西周以镐京东都为中心，有王畿方约千里的土地。以镐京为中心的渭水流域，因周人的积极经营，农产丰富，成为西周经济的主要基地。在当时，西周是最先进的国家，王畿外齐鲁卫三大国，经济文化远不及西周，更不必说其他小国。

构成西周社会的阶级和阶层，大体如下：

一　统治阶级——百姓

百姓是"禅让"时代流传下来的旧族，《盘庚篇》百姓与万民相对，《诗·小雅·天保篇》百姓与群黎相对，百姓是贵族的通称，在商为奴隶主阶级，在周为封建领主阶级。直到春秋后半期，宗族逐渐破坏，土地个人私有的地主阶级代土地嫡子世袭的领主阶级兴起，百姓才逐渐失去贵族的意义，社会地位与普通庶民相似，本来不同含义的两个名词也就可以通用。

百姓里面也有贵贱的区别，这就是名位不同，占有土地大小不等的各级领主。

王族　姬姓是百姓中最贵的一姓。周初姬姓男子一般都分封为大小诸侯，周王和诸侯的子孙除了嫡长有继承权，其余多分得采邑为卿大夫。领主阶级中姬姓领主占很大数量。

诸旧姓　姬姓以外诸旧姓，有的在王畿内受采邑作王官，如从平王东迁的七姓。有的受封作大小诸侯，如姜姓的齐国，子姓的宋国。有的是商朝已经存在的旧国，如徐夷淮夷等。这些旧姓数量极大，但政治势力不及姬姓。

百工　百工是掌握手工业技术，管理工奴的低级百姓。周公不杀犯了酒禁的百工，足见周特别重视商百工的技术。西周得百工，成为王官的重要部分，文化迅速发展起来。东周王室衰微，百工散到大诸侯国（如楚器铭文上的铸客，即周游各国的一种百工），侯国文化才开始发展。

二　被统治阶级——庶民

民字本义是奴隶。民或称黎民、群黎、苗民、众人、庶人、庶民、众、庶，通称为庶民。由于阶级的分化，民字涵义也扩大为一般劳动者，甚至贵族也有时自称为民，《诗经》中多有其例。大体上西周庶民包括上层的自由民，中层的农奴，下层的奴隶，数量最大的是中层的农奴阶层。

上层庶民　商时有一种人称为小人。商亡国后，周公教这种人务农种黍稷，或牵牛车出去做买卖，来孝养自己的父母尊长，足见他们不是奴隶，也不是贵族殷顽，他们是自由民。小人以外，一部分迁成周的殷顽，周公允许他们住自己的房屋，种自己的田地，谋自己的生活，他们在归顺以后，也有自由民的身分。东周人重工商业，逐什二之利，大概就是殷顽的遗俗。周制土地由嫡子嫡孙继承，称为宗子，凡与宗子亲属疏远或亲属已尽的族人，在宗族内领得土地耕种，当然是自由民身分。小国被大国吞并，小国的贵族一部分降为皂隶，大部分变为大国的庶民，也可以取得自由民的身分。自由民在庶民中是上层。这个阶层逐渐在扩大，春秋战国时期，成为产生地主、推倒领主的有力阶层。

中层庶民 克商以前周国有农奴，武王伐纣，周公伐武庚，商奴隶兵倒戈起义，助周灭商，取得农奴的待遇。康叔封卫，伯禽封鲁，都按周法划分耕地，商奄二国原有的农业奴隶自然转化为农奴。除晋国不用周法，按戎族习惯法（戎索）分配牧地，其他周所封诸侯如齐、陈、宋等中原地区的国家，和鲁卫同样，用周法分配耕地。周初大封建，一方面是姬姓与非姬姓贵族做了大小领主，一方面却是农业奴隶得到大释放。周初大封建之所以有极大的进步意义，就在于农业奴隶被释放，获得了农奴的地位。

下层庶民 奴隶在西周仍是数量颇大的一个阶层。俘虏为奴，罪人及其妻子为奴，奴隶子孙为奴，封建领主决不放弃对奴隶的剥削。因为农业奴隶散布在广大田野上，不如释放为农奴，比较有利；至于在手工业、商业、畜牧业、家内服役等方面（奴隶也有种地的，春秋时叫做隶农），使用奴隶确是有利。《左传》昭公七年载楚国申无宇说，"周文王定'有亡荒阅'的法律，因而得天下，……周武王宣布商纣招诱别人的奴隶，因而激起从征诸侯的决战心。"伯禽伐淮夷徐夷，作《费誓（费音币bì）》，也说"偷人家的马牛，诱人家的臣妾，你得受刑罚"。封建社会从开始到崩溃，总是有奴隶存在，不过有时多，有时少，有时显著，有时不甚显著，无论如何，封建主必然要剥削奴隶来补充剥削农奴或农民之不足，这在封建社会开始时期的西周，奴隶多而重要的现象，是不足为奇的（资本主义社会仍保存直接的或隐蔽的奴隶制）。申无宇说人有十个等级："王臣公，公臣大夫，大夫臣士，士臣皂，皂臣舆，舆臣隶，隶臣僚，僚臣仆，仆臣台。马有圉，牛有牧。"（《左传》昭公七年）自皂至台，是各级奴隶，马夫牛牧不列等，比台更贱。这些人的共同点，是吃官饭（《国语·晋语》所谓"工商食官，皂隶食职"），庶民中自由民与农奴的共同点是吃自己饭（"庶人食力"），因为所食不同，所以上中两层庶民不列入十等人里面。

从王到大夫是各级领主，是土地的所有者（"公食贡，大夫食邑"）。庶民中自由民的生活主要依靠务农，有的做士吃官饭（"士食田"），有的经营商业。农奴大部分务农，也有一些人做小手工业和小商贾。自由民和农奴分得土地，称为私田，但并无所有权，不得私自

84

卖买，自己死亡或年老，可以由长子继承做户主。这样，农夫一家人世代附著在小块土地上，离开土地不能生活。

周土地法以一田为单位。一田一百亩，一亩横一步、直一百步。一步长六尺。周一尺合营造尺六寸四分，一步合营造尺三尺八寸四分，横直各一百步得一百亩，约合营造亩二十四亩六分。西汉初期，一个农夫用耒耜耕种不过十亩，西周耦耕，二人合力，平均一人可能也种十亩。战国以前不知施肥，普通田需要轮流休息，农夫有田二十五亩，每年有十亩田的收入，除去什一税，在一般情况下，一家人可以得到饱暖。

田与田中间，一大片田与一大片田中间，必须划分各种疆界，疆界是通车的大路，或人行的小路，如大路通南北，则小路通东西，大路通东西，则小路通南北，大小路交错，象无数井字（春秋时楚国井衍沃，就是在平地上划疆界）。《小雅·信南山篇》说"我疆我理，南东其亩"，就是指的田间疆界。领主有划分疆界的特权，《大雅·崧高篇》说"王命召伯，彻申伯土田"，彻字的意义是通，就是通大小道路。通道路也就是划疆界，疆界划定，才能分给农夫去耕种。《大雅·公刘篇》说"彻田为粮"，就是按田征收食粮。东周鲁哀公苦国用不足，向孔子的弟子有若请教。有若说，为什么不行彻法？哀公说，取什二还不够，怎能行彻呢！足见彻是什一而税。按孟子只知周行彻法，不知周初曾行过助法，足见彻法是行用甚久的一种制度。彻法是低税，这可能是高级领主向低级领主收税的税率，也可能是公田制废弃后，农夫在兵役徭役以外应缴纳所种田亩的税率。史料缺乏，难以得出定论。不过公刘时没有什一而税的彻法是可以肯定的，《公刘篇》作于西周，可信那时候已经有彻法了。

邑是住人的城堡，领主所居的邑是大邑，田野间农夫所居是小邑，小邑住十家，称为"十室之邑"，田在邑外，一邑有田十田。金文及春秋时传记所载，田有一田、二田、五田、七田、十田、五十田、六十田、一百田的计数法，亩有百亩、千亩、十万、七十万、一百万的计数法，绝无一井九百亩的计数法。孟子所说井田是想划九田为一井作单位，废什一的彻，行文王的九一而助。一邑有农夫十家田十田，领主有若干邑，也就是有若干田及若干家农夫，征取力役和实物，计算很便利。春秋时期卿大夫采邑已经扩大，但名义上仍称"百邑"或"千室之邑"、"百乘之家"。一乘需役夫十人，一邑十家共出车一乘，出兵役两伍（五人为伍），百邑正合百乘的数目。

人住邑中必须饮水，因此邑必有井。《易·井卦·卦辞》"改邑不改井，无丧无得"，意思是说，邑可以迁移，井总是要有的。《井卦·大象》"君子以劳民劝相（助）"，意思是说，邑里有井，农夫们可以安生，同井人可以互助。井与邑关系如此密切，所以一邑也得称一

木 构 建 筑 遗 迹

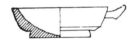

木　瓢（摹本）

残漆杯（摹本）

湖北蕲春西周木构建筑遗迹和出土器物

井，但不是孟子所说的井。

周天子有大量公田，称为大田、甫田、南亩，每年出产谷物，以百室或千仓或万箱计数，这是天子收入的主要部分。公田里天子有藉田千亩、诸侯百亩，名义上是天子诸侯亲自耕种，实际自然是农夫代耕。在公田上耕种的人就是领得私田的农夫。《周颂》和《小雅》所记当时生产情况，是普遍的大量的主要的生产情况。从这些诗篇看来，可以断言西周领主与农民的关系是封建的关系。

（一）天子每年要农夫一万人（诗篇数字不可拘泥）到公田服役。《小雅·甫田篇》"倬（音卓 zhuō）彼甫田，岁取十千"。天子所属农夫不只万人。万人助耕，余人不能无税，想见与助并行的还有称为彻的税法。

（二）每家出一人到公田上耕作。《周颂·载芟（音山 shān）篇》"侯（语助辞）主侯伯，侯亚侯旅，侯彊侯以"。译意为到公田上耕作的农夫每家派来一人，其中有主（户主）伯（户主的长子）亚（户主的次子）旅（年幼子弟）强（有余力帮助别人耕）以（受雇来代耕）等人。这些人各有自己的身分，奴隶不可能有这许多区别。王畿方千里，路远的农夫不到公田助耕，就得纳彻税。

（三）食粮农夫自备，妻子给丈夫送饭。《周颂·载芟篇》"有嗿（音坦 tǎn）其馌，思媚其妇，有依其士"，译意为老婆送饭上地，孩子跟着一起，吃饭吞咽有劲，好让老婆看了欢喜。《周颂·良耜篇》"或来瞻汝,载筐及筥(音举 jǔ),其饟伊黍",译意为你老婆快来看你了,拿着筐子,盛着黍米饭给你吃。耕者吃自己的饭,就是有自己的经济,这当然是农奴或农民,奴隶是没有自己的经济的。

(四)生产工具农夫自备。《周颂·臣工篇》"命我众人:庤(音至 zhì)乃钱镈(音博 bó),奄观铚(音质 zhì)艾(音乂 yì)",译意为命令我的农夫们:准备你们的耕具,还得多准备些割器。封建经济"和奴隶经济就是从农具是否私有这一点来区别的"。据《小序》说,《臣工篇》是诸侯助祭将归国时,天子教诫诸侯的训辞,足见诸侯国的农夫也自备农具。名义上诸侯国农夫仍是王臣的一部分,所以称"命我众人"。

(五)耕公田也兼顾私田,耕时人多,耘时人少。《周颂·噫嘻篇》"亦服尔耕,十千维耦"。《载芟篇》"千耦其耘"。耕时有五千耦,耘时仅一千耦,四千耦耘私田去了,耘公田的千耦,耘完公田仍回私田。《小雅·大田篇》"雨我公田,遂及我私",意思是希望时雨先下公田,后下私田,以便耘完公田,归耘私田,因为农奴照例是"公事毕,然后敢治私事"(《孟子·滕文公篇》)。

(六)公田收割时给寡妇们留些谷物。《大田篇》"彼有遗秉,此有滞穗,伊寡妇之利"。这里所说寡妇,是农奴或农民家的寡妇,否则不会自动到田上拾谷物。

(七)天子每年举行两次慰劳农夫的饎礼,给农夫们吃陈米饭。《甫田篇》"我取其陈，食我农人"，陈就是陈米。《甫田》《大田》两篇都说"曾孙来止，以其妇子，馌彼南亩"，《甫田篇》指始耕时，《大田篇》指收获后。周先公居豳时，始耕举行馌礼，收获后举行飨礼，成康时还保持这种惯例。

（八）开辟私田，鼓励农夫。《噫嘻篇》"骏（大）发尔私，终三十里"。天子指定三十里的荒地，让农夫们开辟作私田，农夫家余夫可以得到分地。这样久了，私田面积愈益扩大，彻税所得愈益增加，公田收入逐渐变成不重要部分。

《周颂》是西周初期的诗篇，《小雅》也是西周人所作，诗中描述农夫耕种公田时各种情形，确实说明了这是封建社会的生产关系，所谓耕公田，就是领受私田的农夫，在领主的田上进行着无报酬的劳作，向领主缴纳力役地租。

封建制度对奴隶占有制度说来，是社会发展过程中一个大进步。古史都说成王康王时候，禁止打仗，天下安宁，四十年不用刑罚（民不犯法，不必用刑）。四十年不打仗不用刑，奴隶来源枯竭，奴隶国家也就衰亡了，那里还有所谓"颂声大作"呢？这正因为新的经济制度起着进步作用，阶级矛盾比较缓和了，因而出现周初的"太平世"。把西周说成奴隶王国，就很难解释周诗和古史所说的一切现象。

西周生产工具是否用铁，照一般现存材料看来，应该说是没有，但也不能断言一定没有。从矿石提炼出铜比炼铁困难得多，从黄铜到青铜，又是一个困难的过程。商朝早期已经用青铜，按照冶炼技术的难易，说西周还不知炼铁，很难说得通。铁的熔点比铜只高八十度（铜熔点一一二○度，铁熔点一二○○度），但因鼓风设备的限制，最初的铁不曾熔解，只能是海绵体的熟铁，性柔软，可锻不可铸，不堪制作需要硬度较高的工具，因之用处不大，不被重视。到春秋初期，已能熔解铁矿石成为生铁。生铁性硬而脆，可铸不可锻，用以铸农具，称为恶金。这是炼铁技术的一个大进步。春秋初期有生铁，西周或西周以前有熟铁，并不足为奇，铁字不见于甲骨文金文，铁器还没有发见，都不是很重要的。《周颂》所载钱、镈、铚等字形，可以推想为金属工具。《载芟篇》说"有略其耜"，《良耜篇》说"畟（音测 cè）畟良耜"，略与畟畟都训为锋利，耜刃锋利，当然是用金属。金属指铜或铁，这里所说金属工具，是铜农器，也可能是用熟铁皮包口的农器，铜农器应是主要的，因为青铜比熟铁硬度高。河北兴隆出土战国时制铜锄镰等农具的铁范（出土地点在铜矿附近），足见以铁耕的战国时期，铜制农具还不能全废。西周时期重要农具用铜，也有些用铁，比商时奴隶所用农具进了一步。西周农具主要用铜，并不能得出西周不是封建社会的论断。

陕西西安出土
的西周铜锛

陕西西安出土
的西周铜斧

江苏丹徒出土的西周初年铜器夨敦（音仄轨 zè guǐ）

敦有铭文一百二十余字，郭沫若有考释，

见《考古学报》一九五六年第一期。

第五节　西周经济的变化

初期封建制度在太王王季时候，开始萌芽，文王时候逐渐形成，武王周公时候，推行到广大地区，成王康王时候发展到高度，昭王穆王以后开始变化。所谓变化，就是力役地租性质的公田制因工商业的开展，农夫户口的增殖，私田数量的扩大，公田管理的烦难，领主每年收入，私田什一税超过公田的千仓万箱的时候，公田制就会被物品地租性质的税亩制所代替。宗周在当时是先进国，变化最早。东方大国如齐，春秋初年还保存公田，不过已经"维莠（音有yǒu）骄骄"、"维莠桀桀"（《诗·齐风·甫田篇》），名存实亡了。鲁国于前五九四年（宣公十五年）初税亩，足见以前鲁还有公田。小国如郳（音禹yǔ 山东临沂县北），于前五二四年（鲁昭公十八年），郳君还到公田上督耕，废公田制当在以后。

周天子是天下宗主，诸侯朝聘贡献的玉帛、兽皮、珍玩及地方特产，汇集在周京。周天子有百工，制造各种器物。例如西周铜器玉器流传甚多，大小王官常因纪念小事制造铜器，玉器是贵族行礼必需品，铜工玉工不仅为王室造器，更多的铜玉器还是为贵族和王官制造。铜工玉工如此，他工未必不如此。百工造器，必取报酬，百工之长借此剥削工奴，获利致富。王官中又有官贾，利用奴隶经营商业。上层庶民中也有私人经营工商。西周工商业一直在发展，穆王时定赎刑，正是以工商业者为对象的一种新的剥削方法。

穆王是个大游历家，相传曾到过昆仑山西王母国。一个天子不会冒险远游，当是西方早有通商的道路。《尚书·吕刑篇》说，周刑法本有五种：墨刑（用刀刻面涂墨）一千条，劓刑（劓音艺yì割鼻）一千条，剕刑（剕音肺fèi割脚）五百条，宫刑（男子割生殖器，女子禁闭宫中当奴隶）三百条，大辟刑（斩头）二百条，总共三千条。那时候狱官贪赃枉法，贿赂公行，穆王要化私为公，定出赎刑条例。墨刑黄铜六百两（一两约合今四钱多），劓刑一千二百两，剕刑三千两，宫刑三千六百两，斩刑六千两。能出铜赎罪，当然是富人，可以设想富人就是工商业者。

农夫住在田野小邑，称为野人；工商业者住在大邑，称为国人。厉王是个大暴君，他酷爱财货，重用荣夷公，想法专利。国人毁谤厉王，厉王令卫国神巫监视国人，随意杀戮，禁阻说话。厉王自以为能弭（音米mǐ止）谤，压迫更加严厉。后来国人不能再忍，前八四一年（共和元年）举行起义，厉王渡黄河逃走。太子靖藏匿在召公家里，起义者围召公家。召公把自己的儿子假冒王子送出去，被起义者杀死。宗周出现了以周召二公为首的贵族共和政治。这是历史上国人第一次大起义，西周社会因这次起义的推动，前进了一步。

94

百工和商人为反抗过度勒索而起义，只要厉王逃走，不回来报复，也就满意了。贵族共和在当时正是适合情势的一种政治制度。周公是宗周第一家贵族，召公是第二家贵族，并且曾谏阻厉王专利，周召二公得到起义者的拥护是很自然的。前八二七年，厉王死，宣王靖继承王位，足见起义者并无推倒文武以来王统的意图。《竹书纪年》采战国游士的寓言，讹称共和是"共伯和干（夺）王位"。按西周初年，卫康叔封世子中旄父（旄音毛máo）为庸伯（庸康字形相似，旧史误作康伯），康叔死后，庸伯继位。自后卫国世子有受封称伯的惯例。卫厘侯（厘音希xī）封世子余为共伯（河南辉县）。厘侯十三年，厉王出奔。二十八年，周宣王立。四十二年，厘侯死，子武公和嗣位。共伯余一说早死（《鄘风·柏舟篇·小序郑笺》），一说被武公和攻杀（《史记·卫世家》），早死说似较可信。厉王出奔时，不论共伯为余或为和，一个侯国的世子，一跃而登周天子大位，在嫡长继承制极端严格的周朝（春秋时期，世卿权重，还不敢干诸侯之位，何况西周，侯国世子岂能干王位），可断言必无其事。武公和曾为周幽王卿士，得周卫二国人爱戴，甚有贤名。战国游士捕风捉影，随意附会，如《庄子》说尧让天下于许由，许由不受之类，信口说来，不负责任，《竹书纪年》却误信寓言为真事，后人又误信《纪年》的误记为真史，一误再误，大概都是为了好奇的缘故。

在共和行政的十四年里,周统治力削弱了,对起义的百工商贾自然要有些让步,对田野间农夫的管理,也不能不有些松弛。本来公田制度,只能在西周初年规模较小的国家里行施一时,后来人口逐渐增殖,私田也逐渐扩大,私田以外,还有农夫余子自力开垦称为附庸土田的土地。私田一田规定一百亩,附庸土田当管理松弛时,面积就会大小不定。共和时期,私田和附庸土田数量增加,宣王即位以后,"不藉千亩"(《国语·周语》)。藉田千亩名义上是天子亲耕,供祖宗祭祀用的米饭。天子不能亲耕,说是借用民力来助耕。这无非是实行力役地租的一种装饰品,使农夫们以为天子尚且耕祭祀田,自己当然应该耕公田。共和以后,公田制度已经难以维持,天子亲耕藉田也失去装饰的作用,所以不借民力耕千亩,实际上就是不能再维持公田制度。宣王废弃助法,原有称为彻法的税法成为普遍行施的税法。改力役地租为物品地租,是有进步意义的。宣王在位四十六年,征伐来侵的戎狄蛮夷,号称中兴,就是这个进步性的新制度在政治上的表现。公田制的废除,是生产力发展的结果,对统治者和农业劳动者都是有利的。

　　工商业者自共和以来,益趋兴盛。幽王时,许多贵族破产流落,庶人富有,却可以做官受爵,过着贵族式的生活。当时君子(贵族)也想做买卖,谋取三倍的利息。王叔郑桓公知道周快灭亡,同商人订互助盟约,请商人帮助他建立新郑国。西周末年,商人地位提高,分享政权,旧贵族不平,《诗经·小雅、大雅》里写下不少的怨恨诗。

第六节　统治阶级的敬天保民思想

相传夏尚忠,商尚质,周尚文,这就是说夏文化不及商,商文化不及周。周文化高于商文化的原因,在于周经济制度不同于商,周统治阶级对民的看法改变了,因之政治与文化都比商朝有进步性。商时民完全为国王所有,是国王直接所有的一种财产。所以民的生命为国王所给予,国王有权任意殄灭民命。西周却有显著的不同。《尚书》里保存不少西周初年的政治文诰,每篇都说到如何治民。其中《无逸篇》说治民要"先知稼穑之艰难","怀保小民,惠(加惠于)鲜(穷人)鳏寡";《立政篇》说"继自今文子文孙,其勿误于庶狱庶慎。"重农与慎狱尤为封建政治的重要纲领。西周时期的诗篇,也有很多篇说到民事。照《书》《诗》所说,烝(音征zhēng众)民是天生下来的,皇天上帝是烝民的宗主。天选择敬天有德的国君做天的元子,付给他中国人民和疆土,代天保民。元子如果不能称职,皇天上帝就会改选别人。文王受天命称王,因为他实行裕民政治,所以得到了上天的眷顾。周初统治阶级鉴于夏商二朝的灭亡,知道"惟命（天命）不于常"（《尚书·康诰》），要永命必须保民。武王在《泰誓》里说"天视自我民视，天听自我民听"，把民心看作天心所自出，所以民心是政治好坏的镜子，也是天子坠厥（天）命或受厥命的权衡。这种天子代天保民的思想，反映出封建主对农奴不完全的所有制，与商朝比较，西周显然是封建制度正起着进步作用的时期。

武王死后，周公摄行王政七年，他是一个大政治家，依据周国原有制度，参酌殷礼，有所损益，定出一些

陕西长安出土的西周铜编钟

巩固封建统治的制度来，这就是后世儒家所称颂的周公制礼作乐。周本小国，重农节俭，行施裕民政治，变成强盛的大国。克商以后，周国旧制多被保存，例如商朝大祭祀用牲多至数百头，甚至杀人充祭品，西周大祭祀用牲不过一牛一羊一豕或二牛，奢俭相差极远。又如商朝杀人殉葬，周国世代重农，需要人力，贵族或国

君死后，不用人殉（当然也有例外）而用草人、土车殉葬，后来也就成为周朝的殉葬制度。祭礼葬礼是大礼，商周有显著不同，足见周初礼制主要出于周国旧制，经周公沿用，因而称为周礼或"周公之典"。

"国之大事，在祀与戎（军事）"（《左传》成公十三年），商周在戎事上也有显著的不同。商时战争频繁，周禁止诸侯间争夺。成王临终，嘱咐康王，要他和远又能和近，劝大小众诸侯相安，不要争夺（《尚书·顾命篇》"柔远能迩，安劝小大庶邦"）。据经史所记，成康时候战争确是少见。

从西周传下来的文篇里看来，封建领主阶级在开始时敬天保民的思想是存在的，随着社会经济的发展，表现它的剥削欲的专利思想也逐步增强了。不过在西周，它到底还是进步的阶级。它所创立的制度和文化，是中国封建制度和文化的最初基石。西周在中国社会发展史上，应是一个意义重大的朝代。

第七节　各族间战争与西周的灭亡

西周各族间战争，主要是华夏族（华族亦称诸夏，也合称为华夏）抵抗西戎北狄的侵入，其次是对东夷南蛮的攻伐。

东方地域广大，周公灭奄，太公灭蒲姑，周势力仅

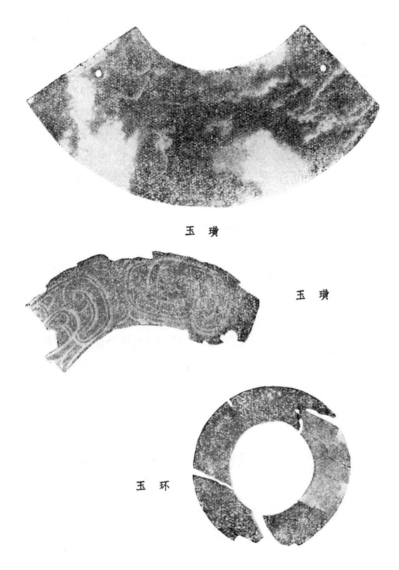

玉 璜

玉 璜

玉 环

陕西西安出土西周贵族行礼用的玉器

到山东境内，淮夷徐夷仍倔强不服。《费誓篇》载伯禽受封到鲁国，淮夷徐夷起兵来攻，伯禽守东郊，不敢开城门。伯禽誓师说"马牛臣妾逃亡，不许藏匿，要归还原主"；又说"不许跳墙偷别人的马牛，诱别人的臣妾"。当时东方国家还保存抢夺奴隶的旧习惯，誓言里严重指出，意在维持鲁军的纪律。伯禽被夷族围困，成王派三军援助，才击退夷兵。穆王时候，徐夷国君强大称王，号为偃王。徐偃王联合九夷伐周，穆王害怕，承认偃王做东方的霸主。穆王教楚伐徐。楚战胜徐，势力扩张，成了南方新兴的强国。宣王屡次伐徐夷淮夷，但偃王子孙仍称王，与周天子对立。

江汉流域是蛮族根据地。昭王征伐南蛮，全军覆没，君臣淹死在汉水里，周天子声威大损。穆王宣王相继南征，不曾得到大战果。汉水流域有些姬姓的诸侯，全是弱国，这给熊绎子孙很好的发展机会。熊绎初封在丹阳（湖北秭归县），土地非常小，不够诸侯的资格，成王大会诸侯，他只配看守祭神的火堆。可是他的子孙，处在群蛮斗争环境中，坐小竹车，穿破烂衣，开辟山林荒地，吞并许多小国，穆王时候，战胜徐偃王，造成独霸南方的形势。夷王时，楚君熊渠更强大，封长子做句亶王、次子做鄂王、小子做越章王。春秋初年，熊通正式称王，统率蛮族，不承认周天子的地位。

西周最紧急的外患是西北方戎狄族的入侵。戎狄族散布地域很广，陕西西部北部，山西河北极大部分都是戎狄族居住地。商周人称他们为戎狄，又称为鬼方、混夷、犬戎、犬夷、獯鬻、猃狁（音险允 xiǎn yǔn），表示对他们的憎恶（战国以后称胡，又称匈奴）。周都镐京，接近戎狄，汧渭两水中间，是西戎入侵的路线。西周初期曾打一次大仗，俘获鬼方一万三千另八十一人，斩首馘（音国guó。杀敌人割取左耳）耳的人数，大概也不少。此后戎狄屡次寇周，懿王甚至被逼迁居犬丘（槐里，陕西兴平县南）。宣王时候，戎狄入侵更加严重，经过多次战争，互有胜败，筑城防御，仅能阻止深入。宣王子幽王，宠爱褒姒，想杀太子宜臼（东周平王），立褒姒的儿子伯服做太子。宜臼的母亲是申侯的女儿，申侯勾结犬戎攻周，杀幽王于骊山下。西周积累的货物宝器，全被犬戎掳去，西周灭亡。平王靠诸侯的援助迁居洛邑，建立东周，王室衰弱，下降为中等国家。

宣王号称中兴贤王，他的功业是征伐外族，获得相当胜利，可是连年用兵耗费很大。他不敢对百工商贾加重剥削，便把费用转移到农夫们肩上。前七八九年（宣王三十九年）伐姜戎大败，宣王几乎被擒。他为补充兵力和财物，想出料民（调查户口）的办法。仲山甫谏阻料民，说农夫数目要从各方面间接推知，如果直接查点，一定要起祸乱。宣王不听。这样农夫们负担过重，不愿出力拥护周室。到了幽王时候，政治大坏，剥削更重，西周就被犬戎灭亡了。

孝王封给养马人非子一小块土地，地名秦（甘肃清水县），在戎狄间。宣王封非子曾孙秦仲做大夫。秦仲攻西戎战死，子孙都专力攻戎，国势渐盛。秦仲孙襄公救幽王有功，平王避戎东迁洛邑，襄公派兵护送。平王封襄公做诸侯，逐渐收复周失地，成为西方强国。

西周从武王灭商到幽王亡国凡十一代十二王，据《竹书纪年》说共二百五十七年。中国历史有确实纪年从前八四一年即共和元年开始，共和以前年代都不甚确实。

简 短 的 结 论

周国在公刘时候，是一个小部落，有些奴隶给周君服役。太王建立起粗具规模的小国，封建制度开始萌芽，周国从此发达起来。

文王施行裕民政治，招致附近各地的庶民，分给小块土地，让他们耕种。领得耕地的人，必须无报酬为公家种地并服各种劳役。这就是裕民政治，周国因此变成西方强国。《尚书·康诰篇》载周公教训康叔说："文王为什么能开创王业，因为'惟文王之敬忌，乃裕民'。"他解释敬忌说"文王明德慎罚，不敢侮鳏寡"。如果文王所治的民，是奴隶不是农奴或农民，很难理解敬忌、裕民的意义。

武王克商以后，周公成王封建诸侯，规定诸侯对王

103

室贡赋的数目。诸侯对大夫和庶民，也有一定的贡赋法。共和行政以后，百工商贾和农夫，在经济上都有些发展，宣王废除助耕公田制，改为征收田租。这种田租就是什一而税的彻法。

西周奴隶依然大量存在，用途是从事工、商、农业劳动，并且供封建主的家内役使。文王定法律确定奴隶所有权，不许互相诱夺，足见奴隶还是构成社会的一个重要部分，不过在庶民总数中，奴隶数量是较小的。奴隶来源是俘虏和罪人及其妻子，还有被掠卖的穷人。

幽王时候很多贵族破产流落，富有的庶民（主要是商人）穿贵族衣服，在朝廷做官。甚至贵族也想经商致富。商人助郑君立新郑国，想见西周商人是有力量的。

非华族的各族时常攻击西周，幽王终于被犬戎杀死。春秋时期强大国家，在西周全是处在外族包围中的小国（只有齐开始是大国）；变成贫弱的国家，原来却多是大国。

第 四 章

列国兼并时期——东周

东周　前七七〇年——前四〇三年
春秋　前七二二年——前四八一年

第一节　在兼并战争中变化着的
东周社会

　　西周时期,天子保持着"天下宗主"的威权,禁止诸夏各侯国间攻战兼并。原来比宗周落后得多的各诸侯国,因长期休养生息,经济逐渐兴盛起来。宗周灭亡,平王迁都洛邑,王室衰弱,不再有控制诸侯的力量;侯国互相兼并,大国陆续出现,打破了诸侯并列、王室独尊的局面。后来侯国大夫互相兼并,强宗陆续出现,打破了宗族并列、公室独尊的局面。在兼并过程中,西周旧制度逐渐被破坏,特别是宗子世袭不得买卖的宗族土地所有制向个人私有可以买卖的家族土地所有制转化,成为东周社会各种变动中最基本的一个变动。一般说来,西周社会是比较安静的,东周则进入动荡时期，频繁的兼并战争，加重了人民的痛苦，但也推动了社会向前进步。

西周以来，宗族占有大量土地。这种土地占有制度，以封建剥削为其内容，以氏族组织为其外壳，宗子则是宗族全部土地的所有者。卿大夫受封土作为自己的采邑，在采邑内可以收族聚党。受封人的嫡长子世世相传为宗子，其余子孙以及异姓的姻亲称为族党。他们多数耕种宗子的土地，身体被束缚不能自由迁徙，精神上也被尊祖敬宗的信条所束缚，惟恐自己失去了宗族的庇护。宗子统率宗男，宗妇统率宗女。宗子宗妇受一族人的尊敬。族中如有贵或富的人，不敢显出贵富的样子走进宗子的家里。族人得衣裘车马等贵重器物，要选择好器物献给宗子，次等器物归自己服用。族中富人祭祖先，必须备两副祭品，好的一副献给宗子。宗子与族人的关系，名义上说是"异居而同财"（《仪礼·丧服》），实际是宗子同享贵富族人的财物。贫贱族党耕种宗子的土地，算是宗子和他们同财，实际是宗子剥夺他们劳动生产品的大部分。

宗族有土地、刑法（杀人权）、军队（私卒、私属）、臣属（士）、农民（耕田的族党）、农奴（非族党的农夫）、隶农（耕田奴隶）和奴隶（包括手工业商业及家内役使的奴隶）。替宗子管理宗事的人叫做"宰"或"宗老"。又有管祭祀的祝、史，管军事的司马，管手工业的工正，管商业的贾正。宗族实际是一个小国家，所谓氏，如鲁国季

106

孙氏、叔孙氏、孟孙氏，就是这个小国的国号，宗子就是这个小国的国君，他在这个小国里强有力地统治着全宗族。

宗族土地大小不定，齐卿管仲曾夺伯氏三百邑，又齐子仲姜宝镈铭文记齐侯赏给一个大夫二百九十九邑。《左传》襄公二十七年所谓"唯卿备百邑"，大概只是一种名义上的制度。侯国内宗族对诸侯要缴纳贡赋，并服各种徭役。有时被诸侯惩罚，加倍出赋，有时被逐甚至被灭族。诸侯权力足以控制各宗族的时候，割裂土地封给有宠或有功的卿大夫，"公食贡"，并不感到损害了自己的利益。但当宗族变成强大，诸侯失去或削弱了控制力的时候，宗族兼并便盛行起来。强宗夺得土地，设地方官（县大夫或邑宰）管理民事，并不分封子弟，停止了新宗族的再发生（宗族中"侧室""贰宗"为数至少）。亡了宗的族党，失去宗子的庇护，同时也免于宗子的同财，在对地方官有义务缴纳贡赋的条件下，一个家庭自成一个独立的经济单位。家长有权力处理自家的财产，有兴趣增加自家的财产，这就形成了一种以家长为主体的家族制度。

家族制度代替宗族制度，也就是以一个家庭为单位的土地所有制度代替以一个宗族为单位的土地所有制度。一个家庭占地多便成地主，占地少或种别人田地便成农民。不论地主或农民，都需要建立起家长擅权的家族制度来。家族制度的内容是子弟服从父兄

（儒家所谓孝悌），妇女服从男子（《仪礼·丧服篇》所谓"未嫁从父，既嫁从夫，夫死从子"），儿子和媳妇不得有私财私物，不敢私自借用别家的财物，也不敢私自送财物给别人，一切听家长支配。父母死后，兄弟可以异居异财，每个男子都有可能作家长，参加社会活动，建立在宗族制度上的旧国家因之也就逐渐变为建立在家族制度上的新国家。

东周是个动荡的时期，在动荡中，各阶级、阶层都起了变化。特别是家族制度的地主阶级开始出现，政治、经济、文化逐渐受这个阶级的支配，由此产生地主统治的封建社会。西周领主统治与秦汉地主统治的中间，东周和战国，正在进行着两种统治的交替运动，东周则是这个运动的开始。

一　统治阶级

王国贵族　平王东迁，七个异姓小宗族从王，供给祭品，平王很感谢，保证他们世世有职位。西周周、召、毕、毛等大宗族，东周都不大显赫，想见西周灭亡时，大宗族几乎全部没落。东周王室衰微，天子丧失威权，王国内新立的宗族，势力远不及西周，天子与王国贵族地位的降低，对整个宗族制度说来，是很大的削弱。

诸侯　西周时期"礼乐征伐自天子出"（《论语·季氏篇》），这就是周天子和王国大贵族组成的第一等宗族在政治上有最高的地位。东周前半期，齐晋两国先后霸诸夏，秦霸西戎，楚霸诸蛮，霸主在他的势力圈内有最大威权。其他诸侯在本国也有大权力。政令攻战自诸侯出，这就是诸侯和本国卿大夫组成的第二等宗族在政治上代替了周天子为首的第一等宗族。

卿大夫　东周后半期诸夏各国"政逮于大夫"，政"自大夫出"（同上），诸侯的土地民人逐渐被少数强宗夺去。公室同东周王室一样，只保存尊贵的名分。强宗所依靠的力量，主要是士。这种在卿大夫家里任职的士也叫做家臣，家臣对家主效忠，不知道有国君，《左传》昭公二十五年所谓"家臣也，不敢知国"，就是卿大夫和士组成第三等宗族，夺取第二等宗族的权利。

士　东周战争以车战为主，晋楚等大国兵车多至四五千乘，中等国也在千乘上下。每车甲士三人，一国有甲士数千人以至万数千人，捍卫国家的主要武力，就是这些车战的甲士。其中有些偏重在文事方面，他们的主要职务是做侯国小官吏和采邑官吏。又一种是食客，投靠强宗，替主人奔走，谋取衣食。士大抵受过六艺（礼、乐、射、御、书、数）教育，是军事上政治上必不可少的一群有力人物，因此得到卿大夫的重视。士生活主要是依靠"食田"。"食田"就是食若干田的租税。例如鲁国大夫施氏宗族的宰，有"百室之邑"（一百田）作食邑。士所食的田邑，去职时要交还主人，不能当作私产。齐君曾把石窬（音叫 jiào 在山东长清县）地方的田赏给一个女子，又曾把五家赏给一个立军功的人，这些被赏的田和被赏的五家所出租税，成为受赏者的私产。东周后半期，战争愈益激烈，为奖励军功，士得受赏田。例如前四九三年（鲁哀公二年）晋赵鞅与范氏中行氏大战，悬赏："克敌者……士田十万"（十万当是十田之误，十万亩合千田，赏似乎过重）。田既赏给立功的士，自然成为士的私产，既是私产，也就可以自由买卖。军功愈多，受赏田的士也愈多。食田变为赏田，这样，拥有小块田产的新兴地主大量出现了。他们是强宗的有力支持者，因之某些强宗如齐国陈氏，晋国韩赵魏三家变为代表领主也多少代表一些新兴地主利益的国家。

大商人　西周时期王国商业比诸侯国发达。到东周，诸侯国里出现了大小都邑，其中若干大都邑便是当时的商业中心地。卫文公兴复卫国，齐桓公晋文公经营霸业，都重视通商。齐自太公开国以来，一向是东方大商业国，桓公用商贾出身的管仲为相，奖励商人通行各国间，探知政情。晋国大商人，坐着金玉装饰的车子，穿着刺绣华丽的衣服，交结诸侯卿大夫，可见大商人在政治上是有地位的。特别是地处南北交通中枢的郑国，国君和商人订盟约：国君不侵犯商人的利益，商人不迁移到别国去。郑国重视商业，商人参加政治活动也更为显著。例如郑商人弦高路遇秦兵，假托君命犒师，秦兵不敢袭郑。晋国贵族荀罃（音英yīng）被楚俘获，郑商人想藏他在货车里逃出楚境。东周愈到后期，大商人地位愈益上升，越国上将军范蠡弃官经商，孔子弟子端木赐(子贡)买贱卖贵，都成巨富，各国闻名。土地自由买卖，给商人以兼并土地的便利，成为新兴地主阶级的一部分。

二　被统治阶级

庶民　宗族制度的土地，由嫡长子世袭。旁系子孙，五世亲尽，从贵族下降为庶民。他们大抵受过六艺教育，有些上升为士或作在官的庶人，但大部分只能耕种宗子的田地当农民。还有一种是丧失宗族的人，例如齐国援助晋国范氏中行氏，范氏中行氏被赵鞅战败后，族人逃到齐国去务农。这一类庶民保有自由民身分，很可能利用自己的财富和智能，役使贫弱，占有耕地，在土地制度变革时，有些人成为新兴的地主。因为从贵族下降的庶民数量很大，所以庶民也称为百姓，百姓失去了贵族的意义。

低级庶民　这种庶民是农奴身分，不得仕进上升为士。《左传》所记卿大夫受若干邑，或受若干田，田邑都附有耕种的人，所谓"土著"、"地著"，就是附著在田地上的农奴。还有一些人，或在田野当仆赁(如鲁襄公二十五年申鲜虞"仆赁于野")，或投靠强宗当隐民(如鲁昭公二十五年季氏养隐民，攻走鲁君)，仆赁是雇佣，隐民是游民，这两种人的存在，想见庶民和低级庶民正在失去自己的耕地。

工商 各国都邑里有大小市场，市上贩卖的货物，有珠玉象牙等贵重物，也有普通用品，如酒脯冠履以及受刖刑人用的踊。这种普通用品，很多是小手工业者自己制造，自己设肆（摊）出卖，《论语·子张篇》所说"百工居肆以成其事"，《墨子·尚贤篇》所说"工肆之人"，正是这一类人。他们制造物品时是工，陈列制成物品出卖时是商，通称为工商、百工或工肆之人。工商地位和低级庶民一样，不得仕进上升为士。这种民间百工和小商贾以及贵族所占有的工业商业奴隶，大都居住在都邑中。他们受严重的剥削和压迫，往往起来反抗暴政杀逐国君。属于低级贵族的百工之长也有因丧失官职而叛逃的。如前五二〇年（鲁昭公二十二年），周失职的百工叛变，悼王"盟百工于平宫"（平王庙），要求他们不要叛逃。衰国与亡国的百工丧职后变为民间百工，战国时民间大手工业者，当是出于这一类人。

奴隶 任何一个贵族（国君、卿、大夫）都要占有奴隶，因为奴隶是手工业商业方面的剥削对象。西周以来，庶民、低级庶民、民间工商被看作国家或宗族所公有的人，从他们身上榨取得来的赋税力役，主要用在国家或宗族的军备、丧祭、贡献、建筑等公事上。奴隶被看作"私人"，同牲畜一样，为主人所私有。奴隶大致分三类，第一类奴隶如小臣、仆侍、妾婢、阍（音昏 hūn）人、寺人（阉宦）等专供贵族家内各种役使，完全不从事生产。第二类奴隶用在手工业生产，生产品供贵族享用。一个国家有管百工的大官称为工正、工师或工尹，一个宗族里也有工正。工正管理多种手工业，最重要的是车工、金工。车工制造战车与贵族所用的车舆，金工制造兵器与礼器乐器，这些手工业

山西侯马出土
东周铸造铜器用的人形陶范

不仅是因为需要专门的技术，更重要的原因还在贵族独占武器制造，借以巩固自己的统治地位。有关贵族生活的饮食衣服及用具，也必需有专门技术的工作者，才能制造出合式的器物。这一类手工业奴隶虽然从事生产，但生产品的原料和资财是贵族从庶民、低级庶民、民间工商剥削得来的，生产出战争器械以及生活用具，是供给贵族使用的。还有第三类奴隶在贵族专利的山、海、林、薮、川、泽、田地、园圃里从事樵采、矿冶、

畜牧、煮盐、捕鱼、耕种等劳动，生产品全部为贵族所有，通过贾正管理下的商业奴隶，变卖出去，获得财物，供给贵族的消费。工商业奴隶的存在，阻碍民间工商业的发展，对贵族却有利，所以贵族都需要奴隶，人数愈多，贵族愈富。奴隶来源主要是俘虏，例如晋国大夫荀林父伐赤狄有功，晋景公赏荀林父狄臣一千家。又战争获胜后诸侯对天子，小国对大国，同盟国间有献俘典礼，贵族分享战胜的利益。又弱国向强国求和，有时也用奴隶作礼物，例如前五八九年(鲁成公二年)，鲁国献给楚国木工、缝工、织工各一百人。东周战争频繁，战败国兵士和民人被俘作奴隶，再加上罪人和被掠卖及穷困卖身的奴隶，可以想见东周奴隶数量是巨大的。

东周时期，由于铁器在农业上的使用，生产力提高了。由于兼并战争的推动，既破坏了宗族制度，又扩大了华夏文化地区。生产力的提高与兼并战争的推动，促使东周社会发生大变化，主要是土地所有制度发生大变化，私家占有土地的地主与私有小块土地的农民出现了。西周以来的宗子(天子诸侯卿大夫)与农奴两个阶级逐渐衰落，新起的地主与农民两个阶级逐渐成长，东周后半期正是这种变化的开始。

第二节　王室衰微与大国争霸

平王迁都洛邑，还有土地方约六百里。后来有的赐给立功诸侯，如赐郑国虎牢（河南荥阳县西北）以东，赐晋文公温（河南温县）、原（河南济源县）等十二邑；有的被侵夺，如郑灭东虢（音国 guó 河南郑州西北），晋灭北虢（河南陕县），楚灭申（河南南阳县）、吕（南阳县西）；有的被戎族占据，如扬拒、泉皋、伊雒（音洛 luò）之戎，杂居周国境内，伊川（河南嵩县）有陆浑之戎；有的封给王族与公卿大夫作采邑，如襄王封子带于甘，周、召、毛、毕等旧宗族各有新采邑。天子自有的土田和民人，实在存余无几。

诸侯定期朝聘贡献，是王室的重要收入，东周王室却失去了这个重要收入。按照鲁史《春秋》所记，二百四十二年里，鲁君朝王仅三次，鲁大夫聘周仅四次。鲁是周公的后代，与王室最亲近，朝贡几乎全废，其他诸侯的朝贡自然不会比鲁多一些。

东周天子地小贡少，非常贫弱，但名义上仍保持"天下宗主"的地位，为华夏各国所尊崇。齐晋两霸国纠合诸侯，阻遏蛮族大国楚的北进，都是号召尊王、勤王，才得到诸侯的信从。东周天子在政治上还有一些作用，所以孔子修《春秋》，想尊奉周天子一统诸夏，在东方复兴周道。

东周王国与宋、鲁是当时三个文化中心，王国文化对诸侯更有大影响。因为王室衰微，不能养活众官，有专门知识与技术的王官百工，陆续分散到诸侯国，有些人做官，有些人做师，扩大了文化的传播。前五二〇年（鲁昭公二十二年），周景王死，王子朝结合一批丧失职位的旧官、百工，起兵争王位。经四年战争，子朝兵败，率召氏、毛氏、尹氏、南宫氏等旧宗族（自然也有百工），带着王室所有典籍，逃奔到楚国。这是东周文化最大的一次迁移。周人和周典籍大量移入楚国，从此楚国代替东周王国，与宋鲁同为文化中心。在这三个中心地区，鲁国孔丘创儒家学派，宋国大夫墨翟创墨家学派，战国时楚国李耳创道家学派。

东周王室衰弱，无力禁止诸侯间的兼并。更由于经济的发展，诸侯对别国土地人民的占有欲也更加强烈，这就发生频繁的兼并战争。战争的结果，先后出现楚、齐、秦、晋、吴、越六个大国。

一　楚　国

苗族被禹战败后，退出黄河流域，据战国时人说，三苗曾在长江中游建立起一个大国。这个大国当是一个大的部落联盟，是许多部落的集合体，其中较大的是荆楚。商高宗武丁曾出兵深入荆楚境，捕获大批俘虏。

周文王时，周势力到达汉水流域，一部分苗族归附周国，接受周文化。武王伐纣，有髳（苗）人参加周军作战。成王封文武以来功臣后嗣，熊绎得封子爵，居丹阳（湖北秭归县）。熊绎的祖先，就是归附文王、从武王伐纣的髳人酋长。到熊绎才受周天子的封爵。西周时期，熊绎子孙不断扩大土地，立国号为楚。东周初期，楚愈益强大，前七〇四年（鲁桓公八年）楚君熊通自号武王。熊通子文王熊赀迁都郢（音影yǐng湖北江陵县），有地千里。楚在春秋时先后吞并四十五国，疆土最大。楚国君臣自称是蛮夷，专力攻伐华夏诸侯，五年不出兵，算是莫大的耻辱，死后见不得祖先。因为楚国好战，又经常获得胜利，国境扩大了，居住在国境内的长江流域蛮人、淮河流域夷人以及被征服的华夏诸侯国人，经长时期的文化交流，融合成巫文化中渗入华夏文化的楚国文化。原来局限在黄河流域的华夏文化，通过楚国伸展到吴、越两蛮族国。长江流域的初步开发，楚国曾起着巨大的作用。

二 齐 国

吕尚是炎帝族四岳的后裔。周文王尊吕尚为师，共谋灭商兴周。吕尚的女儿邑姜是武王正妻，生成王和晋国始封者唐叔虞。成王封吕尚为齐侯，赐给他一种特权，得征伐有罪诸侯。西周厉王时，齐献公迁都临菑(山东临淄县)。齐在春秋时期吞并十国，荀子说齐桓公(前六八五年——前六四三年)并国三十五，韩非子说桓公并国三十。齐原是东方大国，经桓公大吞并，成为华夏各国中最富强的国家。桓公依靠大政治家管仲，整顿国政，分全国为二十一乡，其中工商六乡，士十五乡。工商专心本业，免服兵役。士乡即农乡，平时农夫耕田，士"食田"，战时农夫当兵，士当甲士和小军官。士乡五家为一轨，十轨为一里，四里为一连，十连为一乡，五乡为一军。每家出一人，五人为伍，伍有轨长；五十人为小戎，小戎有里有司；二百人为卒，卒有连长；二千人为旅，旅有乡良人；五旅一万人为一军。一国有三军，齐君自率一军，上卿国子高子各率一军。据《齐风·甫田篇》所说，齐襄公(前六九七年——前六八六年)时还保存公田制的形式，管仲废除公田制，改为按土地的肥瘠，定赋税的轻重。齐国有山有海，管仲设盐官煮盐，设铁官制农具，又铸钱调剂物价贵贱，数年之间，国富兵强。前六七九年(齐桓公七年)，齐开始称霸。当时楚国也正强盛，连年出兵攻郑。前六五六年(鲁僖公四年)桓公亲率齐、鲁、宋、陈、卫、郑、许、曹八国大军伐楚，进到召陵(河南郾城县)。楚成王使大夫屈完来军前讲和。桓公许和退兵。这是华夏诸侯第一次联合抗楚，虽然不能算是取得了胜利，楚国却暂时不敢北进。

桓公做霸主，曾救邢救卫救北燕，阻止戎狄的侵扰。百余年后，孔子还赞叹齐国的霸业，说：没有管仲，

118

我们大概要披着头发,穿左衽衣,受异族的统治了。管仲、桓公死后,齐国内乱,楚国势力又北进。

前五六七年(鲁襄公六年)齐灭莱(山东黄县东南有莱子城)。莱是东夷族大国,莱亡国后,齐地扩大一倍以上,成为真正的海国,鱼盐之利更盛。

三 秦 国

秦本是西方小国,与戎族战斗,逐渐强大起来。平王东迁,封秦君襄公为诸侯。前七五三年,秦文公开始设史官纪事。前七四六年,采用西戎野蛮法律,开始有灭三族法(父族、母族、妻族,一说父母、兄弟、妻子)。前六七八年,秦武公死,开始用人"从死"(殉葬)。前六七七年,秦德公建都雍(陕西凤翔县),用三百牢(牛、羊、豕各一为一牢)祭天求福。秦穆公(前六五九年——前六二一年)用谋臣百里奚,战胜晋国,扩地到黄河边上。又用谋臣由余,灭十二个戎国,开地千里,成西戎霸主。西周覆灭后,西周故地,戎狄杂居,商汤后裔建立亳国,自称亳王,西周文化为戎狄俗与商文化所摧毁。秦采用这些落后制度(包括君位兄终弟继制)与文化,虽然已成西方大国,却被华夏诸侯看作戎狄国,不让它参与盟会。但秦国在西方驱逐戎狄,用武力恢复宗周旧地,保卫华夏的西翼,使齐晋两霸国,得专力对楚,这个作用也是必须重视的。羌人(西戎的一族)爱剑,秦厉公时(前四七六年——前四四三年)被俘为奴隶，学得农业知识，后来逃回羌地，教人耕种、牧畜，诸羌敬服，推为大酋。原来射猎为生的羌族，从此渐成西方强族。秦文化对更落后的戎人，也起着一定的推进作用。

四 晋 国

晋国原是戎狄游牧地区，成王封同母弟叔虞为唐侯，在唐国内"强以戎索"(《左传》定公四年)，就是说，按照戎狄生活惯例，分配牧地，不象鲁卫农业地区按周法分配耕地。叔虞子燮父改国号为晋。东周初期，晋献公(前六七六年——前六五一年)建都绛(山西翼城县)，开始兼并，灭霍(山西霍县)、耿(山西河津县)、魏(山西芮城县)、虞(山西平陆县)、虢(河南陕县)等国，统一了汾河流域，并且国土跨到黄河南岸，形成一个地险多马的大国。献公消灭国内同姓宗族，连自己的儿子夷吾(惠公)、重耳(文公)也放逐出国。所用卿大夫多是异姓人。献公这一措施，加强了公室的权力，因此形成一个政权比较集中的强国。

前六三六年(鲁僖公二十四年)，放逐在外十九年、周游列国、政治经验十分丰富的晋文公(前六三六年——前六二八年)回国即位，随从他的文武功臣都得到重用，君臣一心，整顿国政。前六三二年，文公率晋、宋、齐、秦四国联军与楚、陈、蔡三国联军在卫地城濮(河南濮阳县东)大战，击败楚军，晋国从此成为华夏霸主。直到前五四六年(鲁襄公二十七年)，晋国常能维持霸业，与楚三次大战，晋战胜两次(前五七五年鄢陵之战，前五五七年湛阪之战)，战败一次(前五九七年邲之战)。

前五四六年，晋楚在宋都商丘开和会，平分霸权，晋处劣势。前四八二年(鲁哀公十三年)，晋吴在黄池(河南封丘县)会上争霸，晋也并不处优势。此后晋国事实上分成韩赵魏等几个独立国，所谓纠合诸侯、尊王攘夷的霸业实际上不再存在了。

晋国境内戎狄国先后被消灭，凡灭同姓异姓国二十余，与楚同为东周时期最大的国家。齐常助晋，秦常助楚，因此晋楚势力仍大致相等。为要借与国兵力，攻击对方，晋助吴攻楚，楚助越攻吴。吴越两国的兴起，增加了争霸战争，但也扩大了华夏文化的灌溉面，从黄河流域直达长江下游地区。

五 吴国、越国

周太王长子太伯次子仲雍，让继承权给季历，逃奔到梅里(江苏无锡县东南)，有蛮人千余家来归附。太伯仲雍断发文身，相继做蛮人君长，国号吴。吴本是楚的属国，吴君寿梦时，吴渐强大。楚国大夫巫臣亡命到晋国，献联吴攻楚的计谋。前五八四年(鲁成公七年)

晋使巫臣带着一队战车到吴国，教吴人射法御法和战车阵法。吴军学会车战，从淮南江北的陆地上，攻击楚国的侧面。吴楚连年打仗，甚至一年打七次仗，楚军疲于奔命。

吴和晋国交通后，文化也迅速提高，寿梦第四子季札，前五四四年（鲁襄公二十九年）历聘鲁、齐、郑、卫、晋等国，表现出高度的华夏文化。季札的儿子在路上死了，孔子带着弟子们去看他行葬礼，说，季札真是懂礼的人呵！

寿梦死后，长子诸樊迁都吴（江苏吴县），数传至阖闾（音合庐hélǘ），用楚亡臣伍子胥为谋主，大军事家齐人孙武为将军，前五○六年（鲁定公四年）大举攻楚，五战五胜，楚军大溃。吴军攻破楚建都约二百年的郢，楚国民人和文物财宝大量被吴军俘获。这是东周时期第一个大战争，对楚国是空前未有的创伤，但由周入楚的华夏文化，却因这次战争更多更快地传播到长江下游，加速吴国的华夏化。

越都会稽（浙江绍兴县），断发文身，文化比吴更落后。楚灵王时（前五四○年——前五二九年），越还是楚的属国。吴得晋助，成为楚国的劲敌。后来楚采同样的方法，让文种和范蠡二人来越国。文种是楚国的宛（河南南阳县）令，范蠡是文种的密友，二人都是楚国著名才士，到越国自然是为的助越攻吴。越君允常得楚助，开始称王，与吴王阖闾作战，结成仇怨，互攻不休。允常死，子勾践立。阖闾起兵攻越，被越军战败，阖闾受伤病死。阖闾子夫差即位，立志报仇，前四九四年(鲁哀公元年)夫差攻越大胜，许越为属国。

吴夫差战胜后，一心要北进争霸，前四八六年(鲁哀公九年)夫差准备攻齐，筑邗城(江苏江都县，《太平寰宇记》称为邗沟城)。邗城下掘深沟，通过射阳湖(江苏宝应县东)至末口(江苏淮安县)入淮，贯通了长江淮河两大流域。前四八五年，吴将军徐承率水师自海上攻齐。前四八四年，大败齐军于艾陵(山东泰安县)。前四八二年，夫差为北上争霸业，掘深沟北连沂水，西接济水。自吴都(邗城)乘舟出发，一路可以入海北上，一路可以逾长江入淮河，又逾淮达泗沂济三水。夫差耗竭民力，经营霸业，因而亡国，但南北水上交通却从此创出新局面。

前四八二年，夫差率大军到黄池会诸侯，与晋国争做盟主，不料越军攻入吴都，越水师自海道入淮，绝吴军归路。夫差恐惧，让晋为盟主，匆忙回国向越求和。前四七三年(鲁哀公二十二年)越灭吴。

越王勾践战胜吴国，北进至徐(山东滕县)，大会齐晋等诸侯共尊周天子，号称霸主。勾践知道楚国是不会让越国强盛的，范蠡也知道勾践是不会信任楚人的。范蠡自徐回到越国，就带着财宝珠玉乘舟浮海逃往齐国做大商人。文种自以为有功，不肯逃走，被勾践杀死。墨子说"今天下好战之国，齐、晋、楚、越"(《墨子·

非攻篇》），可见越在东周末年仍是强国。战国时，越国衰弱，楚威王大败越兵，夺取浙江以西土地。前二二二年，秦始皇使大将王翦平定江南，越君降秦。秦以越地为会稽郡。

　　长期的兼并战争，给人民带来了严重的痛苦，但东周社会却因此发生巨大的变化，小国合并成少数大国；很多戎狄蛮夷接受了华夏文化；宗族制度基本上遭受破坏；公田制变为税亩制；士和庶民两个阶层里产生出新的地主，在政治上取得重要地位；"农（低级庶民）与工肆（工商）之人"（《尚贤篇》），以墨子为代表，也要求参与政治。这些变化进一步就成为战国时期的七雄纷争，再进一步就成为秦汉两朝的封建统一。

第三节　公室卑弱与大夫兼并

　　春秋二百四十二年间，东周王国以外，一百四五十个诸侯国中吞并小国最多的晋、楚、齐、秦以及后起的吴越是一等国。吞并较少的鲁（吞并九国）、宋（吞并六国）、郑（都新郑，河南新郑县）、卫（都帝丘，河南濮阳县）是二等国。陈、蔡（都新蔡，河南新蔡县）、曹（都陶丘，山东定陶县）是三等国。二三等国有权参与霸主召集的大盟会，与大国通称为列国。其余小国只能做列国的私属，给宗主国服役，不得参与大盟会。还有一种附庸国，地位更卑微。这些大小国相互间的关系，除了"强陵弱，众暴寡"，别的关系是很少的。大国对小国，不是攻伐，便是迫令献纳贡赋和贿赂，还得表示出曲尽恭顺的礼貌。小国对最小国，同样是攻伐与勒索贡赋贿赂，只要有侵夺的机会，决不放过。例如邾（山东邹县东南）、鲁两国境界交错，邾人在翼（山东费县西南）筑城，回来经过鲁地武城（费县西南），猛不防鲁兵堵塞前后，邾人被捉当俘虏。最小国也互相侵夺，例如鄅国（山东临沂县北旧开阳城）国君出城到公田上督耕，邾人袭入鄅国，俘获鄅君的妻女。鄅君说"我无家可归了"，跑到邾国要和妻女同当俘虏。邾君留下他的女儿，把鄅夫人送还鄅君。被侵夺的国家，有的灭亡，有的受损，受损多了还是灭亡。所有国家都在互吞，大国吞大国，大国吞小国，小国吞最小国，到东周末年，只剩下晋、楚、齐、秦、越五大国和鲁、宋、郑、卫等几个待亡的小国。东周诸侯兼并，原始的小国割据就是这样逐渐变成了少数大国割据。

诸侯国内有大夫采邑（宗族），一个采邑实际是一个小国。因为诸侯兼并，某些侯国土地扩大了，国内某些采邑也跟着扩大起来。大采邑间由开始兼并到盛行兼并，与诸侯兼并走着同样的道路，不过两种兼并的作用却显有不同。诸侯兼并破坏了被灭国的宗族，加强了本国内的宗族；采邑兼并则是破坏了国内失败的宗族，同时胜利的宗族本身也发生变化。马克思说"一般

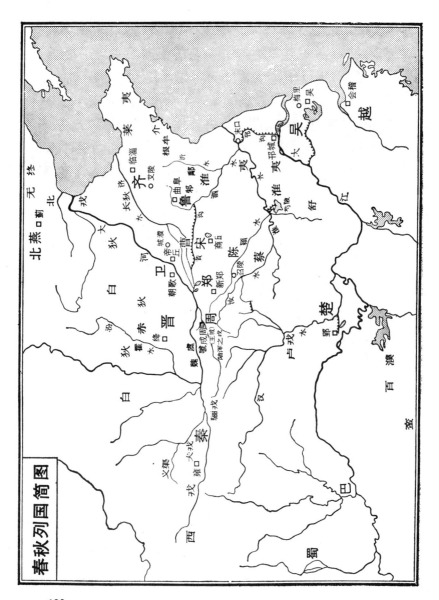

春秋列国简图

说来，军队在经济的发展中起着重要的作用。"① 诸侯和大夫为了战争，对人民得让些步。人民跟着统治者打击对方统治者，客观上起着削弱整个领主统治的作用。家族代宗族而兴起，主要是战争的结果。

食采邑的贵族有两类。一类是国君的儿子，按"立嫡以长不以贤，立子（非嫡子）以贵（依母的贵贱，所谓子以母贵）不以长"（《公羊传》隐公元年）的规定，一人得继承君位，其余食采邑做大夫，如鲁国的三桓，郑国的七穆，齐国的高、国、崔、庆等是。一类是有功的异姓人，也得食采邑做大夫，如晋国六卿中范氏、赵氏，齐国陈氏等是。大夫的采邑与名位都是子孙世世继承不绝，国君在这些世袭贵族中选出一人或数人做卿，助国君掌管国政。到后来，华夏诸侯国如晋、齐、鲁、宋、郑、卫等国，卿也成为子孙世袭，国政被几家世卿把持，某些宗族变成强宗，采邑变成强国。

大夫有宠或有功或有权力，可以获得国君的赏田、赏人，也可以向国君请赏，也可以瓜分其他宗族的土田，甚至可以瓜分公室。例如齐君赏一个大夫，一次县三百、徒（农奴身分的人）四千，又一次赏仆三百五十家。宋国向成因功请赏，宋君赏他六十邑。齐国陈鲍二族攻破国高二族，分取国高的财产。大采邑地广人多，一般拥有兵车一百乘，称为百乘之家，更大的采邑，尤其富强，如晋国郤克，曾要求率私属伐齐报私怨，郤

① 《马克思恩格斯选集》第四卷第三三五页。

至"其富半公室，其家半三军"（《国语·晋语》）。鲁国在前五六二年（襄公十一年），季孙、孟孙、叔孙三家三分公室，作三军各得一军，到前五三七年（昭公五年），三家又四分公室，季孙得二，孟孙叔孙各得一，季孙私属甲士多至七千人。

东周前期，诸侯武力兼并，对人民让些步，好使人民听从命令，出力作战（从大量的记载来看，是对农民让步，不是对奴隶，因为服兵役的是农民）。如楚国起兵侵卫，先给人民减户税，免旧欠，赦罪人，救济穷乏人和鳏寡人等好处。晋悼公兴霸业，先给人民免旧欠，救灾难，轻赋敛，赦罪人等好处。东周后期，大夫要加增兼并的实力，更得多让些步，与淫侈残暴的国君争民。例如齐国人民一年劳动收入的三分之二被齐君夺去，仅仅留下一分作衣食费，人民动不动受割脚的酷刑，市上踊价比履价高。大夫陈氏正和齐君相反，借给穷民食粮用大斗，收回时用小斗。陈氏山海所产树木鱼盐蜃蛤到市上出卖，价格同产地一样。齐国人民痛恨国君，象流水般归附陈氏。晋国人民也是恨国君如寇仇，逃避到政治较好的采邑里。齐国陈氏、晋国韩赵魏三家，政治比较好一些，所以成为大夫兼并的最后胜利者。

前五四六年，是很重要的一年，是东周时期划分为前后两期的一年。这一年，向来争夺霸权的晋楚两大国在宋国召开了弭（息）兵大会。大会以前，列国形势

128

主要是诸侯兼并，其次是大夫兼并；大会以后，形势变为主要是大夫兼并，其次是诸侯兼并。这就是说，弭兵大会是东周时期诸侯兼并转变为大夫兼并的关键。

宋大夫向戌同晋国执政赵武、楚国执政屈建都有交谊，想说合两国，息兵停战。晋国六家世卿（赵、范、知、中行、韩、魏）相互间争夺剧烈，楚因受吴国威胁，不敢冒险北进，都愿意暂时停战。其余小国内大夫也在进行兼并，希望减少对外战争。因此向戌一倡导，就得到晋楚等国的赞同。前五四六年，晋、楚、鲁、宋、蔡、卫、陈、郑、许、曹十国大夫在宋都商丘大会，约定晋楚两国同作霸主。此后楚可以专力对吴，晋可以专心内争。吃亏的是小国，要备两份贡品向两霸主朝贡，负担更加严重。但也因为南北朝贡往来，华夏文化对楚发生更大的影响，楚逐渐被看作华夏列国中的一国，华夏范围扩大到楚吴边境上。

弭兵大会以后，战争相当减少，大小各国尤其是晋齐国内的强宗，展开了尖锐的兼并斗争。

晋灭大夫祁氏羊舌氏，分祁氏田为七县，羊舌氏田为三县。又灭荀氏范氏，又灭知氏，晋国政权归赵氏、韩氏、魏氏三家。到战国时成立赵韩魏三国。

齐大夫陈氏鲍氏攻灭国氏高氏，陈氏又攻灭鲍氏晏氏，齐国政权全归陈氏。到战国时陈氏灭姜姓的齐，建立田姓（田陈二字通用）的齐国。

第四节　弱国对强国、人民对国家的负担

据鲁史《春秋》的记载，——仅仅记在鲁史的——二百四十二年里面，列国间军事行动，凡四百八十三次，朝聘盟会凡四百五十次。总计九百三十三次。

军事行动和朝聘盟会，一般说来，都是大国对小国进行剥削掠夺。小国怕大国无厌的诛求，更怕残暴的讨伐。

朝聘必需的贡品，是麋鹿皮、虎豹皮、丝织物、马和玉，并附献珍异货物。照《仪礼》所载觐礼、聘礼看来，贡献物品还有相当限度，可是事实却不尽然。

当初晋文公创霸，教诸侯三年一聘，五年一朝，有事开会，歃（音霎shà）血盟誓。到后来霸主娶妾或妾死，也要诸侯去吊贺。总之，霸国用各种名义，向列国榨取贡献罢了。贡献一次，要用一百辆货车，一千人护送。到了霸国，住在破烂的客馆里，大概要例外送些贿赂，才肯收受礼物。小国对非霸主的邻近大国，也同样纳贡求得和好。

贡献如果不合受贡国的要求，将会遭受可怕的讨伐。受伐的国家，井被填塞，树被砍断，禾麦被收割，车马被掠夺，人民不分男女老小，逃不脱的都当俘虏。男子做各种奴隶，女子年青的做婢妾，一般的做舂米酿酒

的工奴。晋楚城濮战后，晋文公献给周天子楚俘兵车一百乘（每乘马四匹），步兵一千人。郑宋大棘（河南柘城西北）之战，宋国战败，郑获兵车四百六十乘，俘二百五十人，馘一百人。晋灭赤狄潞氏，晋君赏大夫荀林父狄臣一千家。齐吴艾陵之战，齐兵大败，吴送鲁国齐俘兵车八百乘，甲首三千人。战败国人民被俘当奴隶，国家损失的车马器械当然还是要人民来补充。

被敌人围城的时候，痛苦更不可想象。据《墨子》所载守城法，城下比较不重要的地方，每五十步置壮男十人，壮女二十人，老小十人。城上守兵每一步一人。

河南三门峡虢国墓地车马坑

131

城下重要地方，每五百步置壮男一千人，壮女二千人，老小一千人。男兵六分用弩，四分用矛戟盾等器械，女兵和老小兵全用矛。民间粮食布帛金钱牛马畜产一切可用的物品，都借给公家使用。围城里面，人民每天规定吃二升米粮凡二十天，吃三升凡三十天，吃四升凡四十天。春秋时期的量，大约五升等于现在的一升。这样，九十天每人共食米二石九斗。平均每天吃三升多，合现在大半升。既要作战死伤，又要忍饿破产。有时甚至穷困到"易子而食，析骸以爨"（《左传》宣公十五年）。人民怕在战败被俘后充当奴隶，只好忍受这样的痛苦来守城。

人民被国君强迫，不得不服极重的兵役。春秋时期一般是用车战。据《司马法》的说法，兵车一乘，马四匹，甲士十人，步兵十五人。甲士是穿戴盔甲的，三人立车上，立左的用弓箭，立右的用矛，中立的驭马。这三人通称甲首。其余甲士七人，在车旁步行。步兵十五人在车后，另有步兵五人保护辎重车。兵车一乘，共有三十人（兵器盔甲车马都由国君储藏，战时发给兵士）。辎重车有火夫十人，看守五人，马夫五人，打柴挑水五人，共二十五人，都是不能作战的老弱人。每兵车五乘，有辎重车一乘（用牛驾车）。卫国被狄攻破，剩下人民共五千人，有兵车三十乘。约略计算，五人中有一人服兵役。其他国家，大概相同。人民平时受经济剥削，战时受生命危险。宋殇公十年十一战，所以民不堪命；晋绛县人七十三岁，还得老远往杞国筑城。人民只有死了，才算得到休息。

国君和卿大夫的家里人，绝对不事生产。孔子批评鲁大夫臧文仲有三不仁，"妾织蒲"算作不仁之一。鲁大夫公父文伯的母亲织布，文伯怕招季康子的怨恨。属于统治阶级的一切人，都是吃人民穿人民，不生产一点东西的，因此，当时有"盗憎主人，民恶其上"（《左传》成公十五年）的话，就是说人民与统治阶级存在着不可调和的矛盾。

第五节　各族间的斗争与融合

《尚书·梓材篇》、《诗·大雅·荡篇》称商王国为中国。因为商王国在当时各小国中，政治经济文化都被公认为唯一的中心国。《诗·大雅·民劳篇》称宗周和遵守周礼的诸侯国为中国。东周时期北方诸侯自称中国，称楚吴越等南方国为蛮夷，楚吴越称北方国为中国或上国。秦占有宗周旧地，却被中国诸侯看作戎狄。中国这一名称，含有地区居中的意义，但更重要的意义则是指传统文化的所在地。

中国西部地区称为夏。郑大夫子西名夏，是夏有西义。夏又含有雅、正、大等义。宗周诗篇称雅诗，《秦风》诗篇称夏声，夏声即雅诗，就是用西方人的声音歌唱的诗篇。东方齐、鲁、卫等大国诸侯本从西方迁来，因之东方诸国称东夏，东西通称为诸夏。

周朝崇尚赤色，大祭祀用骍牛（赤色牛）。晋大夫羊舌赤字伯华，孔子弟子公西华名赤，是华含有赤义。凡遵守周礼尚赤的人和族，称为华人或华族，通称为诸华。

孔子说："裔不谋夏，夷不乱华。"（《左传》定公十年）裔指夏以外的地，夷指华以外的人，区分很明显，不过中国、夏、华三个名称，最基本的涵义还是在于文化。文化高的地区即周礼地区称为夏，文化高的人或族称为华，华夏合起来称为中国。对文化低即不遵守周礼的人或族称为蛮、夷、戎、狄。例如杞君朝鲁君，用夷礼，杞被贬称为夷，后来杞国朝鲁用周礼，杞又得称为诸夏。姜戎与齐同姓，同住在中国内部，姜戎饮食衣服不同，货币不通，言语不达，被称为诸戎。吴与骊戎都是周天子的同姓，吴被称为蛮，骊戎被称为诸戎。华族与居住在中国内部和四方的诸族因文化不同经常发生斗争，斗争的结果，华夏文化扩大了，中国也扩大了，到东周末年，凡接受华夏文化的各族，大体上融合成一个华族了。

春秋时期列国人口不可确知，按兵役推测，当是五人中出一个服兵役。卫文公有民五千人，得兵车三十乘，以此为例，一般千乘之国，人口当在二十万左右，晋国兵车四千乘，当有八十万左右的人口。墨子生在东周末年,说齐晋楚越等大国兼并众小国,各有人口数百万。即使如此,按土地面积说来,人口还是极稀少的。较早的春秋时期,据《左传》所记载,东周王畿内有戎族小国,卫都城上可以望见戎州,想见当时地旷人稀,华族与其他诸族杂居的情状。

华族各国自称为中国,称其他诸族国为四方。

南方 长江汉水两流域,是蛮族居住地。有群蛮、百濮、卢戎(湖北南漳县)等,通称为南蛮。淮水流域是夷族所居。小国有舒(安徽舒城县),六(安徽六安县),蓼(安徽霍丘县西北)。又有舒蓼、舒庸、舒鸠、宗四小国。大国有徐(安徽泗县北)。通称为淮夷。

东方 多在今山东省境内。有莱夷(黄县东南),任(济宁县),宿,须句(二国都在东平县境),颛臾(费县西北),邾(邹县),莒(莒县),小邾(滕县),杞(安丘县),介(胶县南),郯(郯城县西南),根牟(沂水县)。通称为东夷。又有戎(山东曹县东南,别名戎州),鄋瞒(济南北境,别名长狄)两小国。

北方 在今河北省境内。有北戎(卢龙县境,一名山戎),甲氏(鸡泽县,赤狄别种),鲜虞(正定县西北,别名中山),肥(藁城县),鼓(晋县。鲜虞、肥、鼓三国都是白狄别种),无终(玉田县)。通称为北狄。

西方 有大戎(陕西延安县),小戎(甘肃敦煌县。居住在河南嵩县一带的称陆浑之戎,又称阴戎,又称九州之戎),骊戎(陕西临潼县),犬戎(本部在青海西宁县，一部迁居陕西凤翔县境），姜戎（陆浑别部），茅戎（山西平陆县），扬拒、泉皋、伊雒之戎（当在河南洛阳县附近）。又有白狄（延安县附近）、赤狄。赤狄有东山皋落氏（或在山西垣曲县境），廧咎如（廧音强qiáng，咎音高gāo或说在山西太原附近），潞氏（山西潞城县），留吁（山西屯留县），铎辰（山西长治县境）。通称为戎狄。

以上诸族，散居中国的内部和四方。因为华族文化程度较高，政治上有霸主主持盟会，起着互救的作用。华族凭借优势的文化和政治力量，终于融合了诸族。

南方蛮夷被楚统一，春秋时期楚是华夏的劲敌。东周后期，楚国文化向上发展，与诸夏相等，华夷的界限逐渐消失。

东方诸夷没有成立强大国，陆续被齐、鲁、楚吞灭。

北方戎狄间有华族小国燕，春秋时期不被诸夏重视。齐桓公曾救燕伐山戎。后来晋国强大，攻灭赤狄白狄，燕在北方逐渐强大起来。

西方戎狄是华族的强敌。晋攻灭戎狄最多。晋悼公用魏绛的计策，同诸戎讲和，用货物交换土地，获得极大利益。秦穆公伐戎，得国十二，开地千里，在西戎中称霸。当时甘肃陕西境内有绵诸，混戎，翟獂（音桓huán）之戎，义渠，大荔，乌氏，朐（音渠qú）衍之戎。西北诸戎散居谿谷间有一百多种，因为统一不起来，所以逐渐被秦征服。

春秋时,从前七二二年(鲁隐公元年)到前六三七年(僖公三十三年),共八十六年。戎伐曹伐郑伐齐各一次,伐周二次。齐伐戎三次,鲁伐戎一次,虢伐戎二次,诸侯为戎祸守周城二次。狄灭卫围卫灭温(河南温县西南)各一次,伐邢伐卫伐齐伐郑伐周各一次,伐晋三次。晋伐狄二次,卫伐狄一次。总计戎狄攻华族十六次,华族攻戎狄九次。戎狄的势力不小,但不能发展,因为华族知道团结,互相援救。鲁文公以后,晋国霸权巩固,戎狄国开始被消灭。

黄河流域自秦汉以后,常常是统一全中国的出发地点,东周时期华族逐渐巩固了在黄河流域的统治地位,为秦汉统一作初步的准备,意义是重大的。

第六节　东周时期的经济状况

武王克商,商朝的农业奴隶,被释放成为周朝的农奴。农奴与奴隶同样受残酷的阶级压迫,同样在政治上毫无权利,不过,农奴既有自己的私有经济,有自己的生产工具,这就有可能推动生产力向前发展。

周本是西方小国,因为生产力进步,战胜了大国商。克商以后,周大小贵族带着家属、奴仆和数量不多的庶人到受封地区建立诸侯国,封地内原有的居民,都作了周贵族的臣民。凡是周朝所封诸侯国，都实行一种新制度，这就是以力役地租为内容的宗族制度。西周诸侯在国内消灭商朝旧势力的反抗，建立并巩固自己的统治地位，宗族制度在当时所起的进步作用是重大的。到了东周时期，因宗族兼并，出现大国、强宗，过去在土地面积较小，庶民人数较少的情况下可以行施的公田制，不能适合战争频繁，军费巨大的新局面，以鲁国为例，显示赋税制在变化，也就是土地制同样在变化。

前五九四年（鲁宣公十五年），鲁国"初税亩"。《左传》说它不合旧制度。据《左传》说，旧制度领主（国君和采邑主）只许收取公田上的谷物。《左传》所说，一方面表现儒家的保守思想，一方面却说明前五九四年以前鲁国还保存着公田制。农夫耕种公田，不能同时供应军役，战争随时可以发生，公田也就随时有荒芜的危险，废除公田制改为按亩收税的税亩制，显然对领主有利。税亩制行施以后，领主可不问有田者所耕土田面积的大小，也不问有田者为何种人，只是向有田者按亩数收税。这样，私田随着公田的废除，失去了私田的意义，农村间允许公开兼并，有人占田多，有人失耕地，贫富的分化加剧了。多田人逐渐形成地主阶级，有田农夫和失地少地的农夫逐渐形成为农民阶级。

税亩制的行施，必然废除西周以来的公田制，在鲁国行施的先后，其他诸侯国不能保持公田制不变，可以设想也在采用税亩制。例如齐国，在齐桓公时已废除公田制。

因为田税既改为按亩收税，原来农夫受私田一百亩，就有义务向授田者出军赋（军役和军需），现在实行税亩制，农夫耕田面积大小不等，当然不能出同等的军赋。前五九〇年（鲁成公元年）即实行税亩后四年，鲁"作丘甲"。一丘面积不可知（据说四邑为一丘），所谓丘甲，就是一丘出一定数量的军赋，丘中人各按所耕田数分摊，不同于公田制农夫出同等的军赋。前四八三年（鲁哀公十二年），鲁"用（以）田赋"。丘赋是领主按丘征发军赋，丘内新垦土田愈多，分摊军赋愈轻；用田赋则是按田亩征发军赋，有田人的负担加重了，但有田人对田的处理权也加增了。自从行施税亩、田赋两种制度，领主只向有田人收税和赋，不再干涉有田人相互间买卖、分割等行为。有田人缴纳税、赋以后，不再受其他干涉，自然形成了土地私有权。其中一部分象士那种身分的人也就自然成为小地主，还有一部分成为有田的农民。

鲁国以外，前五四八年（鲁襄公二十五年），楚国按土田定军赋。前五三八年（鲁昭公四年）郑国"作丘赋"。秦国入战国后"初为赋"（前三四八年）。秦在东周及战国初年是落后的国家，采用鲁国式的田赋制较迟，想见鲁国用田赋，各诸侯国先后采用，成为普遍行施的制度。自此田地有粟米之征，人户有布缕之征与力役之征。农夫在公田制时期，领主要保证公田收入，还不敢过度忽视农时，任意发动战争。行施税亩及田赋以后，领主把战争与赋税力役分为两事，农夫却要一人同时负担两事。所以孔子反对鲁国用田赋，说是"贪冒无厌"，比强盗还坏；孟子也说征两种，有些人要饿死，征三种，有些家要破产。

赋税制变化，标志着土地所有制的变化，农村里从而出现了不同于领主的地主阶级以及有土地与少地或无地的农民阶级。这种巨大的变化，因铁制农业工具的行用而愈益加速。有了铁制农具，田野耕作与草莱开辟都获得前所未有的便利，东周生产力比西周提高了。

铁字古文作銕，当是东方夷族最先发明冶铁术，为华族所采用。《国语·齐语》载管子说，美金（青铜）用来铸武器，恶金（铁）用来铸农具，足见春秋初期，冶炼技术已经能生产生铁。前五一三年（鲁昭公二十九年），晋国起兵筑城，令兵士铸一个铁鼎叫做刑鼎，鼎上宣布范宣子所作的法律条文。铸鼎的铁是作为军赋向民间征发，足见铁在晋国民间也已经使用。齐晋能铸铁，其他各国也会铸铁。《周礼·考工记》段氏用青铜制镈（农器），粤地农民人人能制铜镈。《考工记》所说，当是指东周以前农具主要用铜的情形。东周时有生铁铸成的农具，作用便显然不同。铁为深耕创造了条件。叔均牛耕法在某些地主或少数农民的田地上有可能被采

平肩方足布

圜　钱

郢　爰

圆肩圆足布

春秋战国时期的货币

用。孔子弟子冉伯牛名耕，司马耕字子牛，晋国有力士名牛子耕。耕与牛相连，说明东周后半期已用牛耕田，不过这种进步的耕作法当时并不通行，一般仍用两人并力发一耜的耦耕法。

东周时期农业生产力的提高，促进了手工业和商业在诸侯国间的广泛发展。郭沫若说：代表周朝文化的青铜器，西周多是王室及王臣之器，诸侯国别之器极其罕见；到了东周则王室王臣之器匿迹，而诸侯国别之器极其盛行。特别是春秋中叶以至战国末年，一切器物都变得精巧玲珑了。体质轻便，形式新鲜，花纹工细，铭辞多韵文，字体多花文，草率的陋习完全革掉，而原始的风味也完全扬弃了。春秋中叶以后，正是土地制度改变、农业生产力向上的时候，封建统治者有可能大量聚敛供自己浪费享受。例如鲁国大夫季孙氏，比西周元勋周公旦还要富裕；齐君有马四千匹，积累财物，任令朽坏；晋君大筑宫室，多养女宠，淫侈无度。当时诸侯卿大夫需要加工精制的器物，因而促成手工业技术上的进步。诸侯卿大夫并不满足于本国产物的享受，因而又促成各国间商业的扩大。例如郑商人到周出卖皮革，到楚收买丝绵，晋自楚输入木材皮革。春秋晚期，大商贾势力足以交通诸侯卿相，与问政事。

商业上货物交换，需要货币。西周有铜贝、铜孚即《吕刑篇》所称的锾（音环huán），东周又有铜钱（象农器形）或铜刀（象刀形）。但据《左传》所记，春秋时诸侯卿大夫用璧玉帛锦等贵重物或其他器物互相交易，似不用钱。民间小交易当是用粟米布丝等实物，也很少用贝、孚、钱、刀。东周末年，作为货币的钱行用渐广。《墨子·号令篇》说人民守城有功，女子赐钱五千，老小赐钱一千。战国时金（铜）制货币大行，民间却仍有实物交易。货币的逐步发展，反映出农业手工

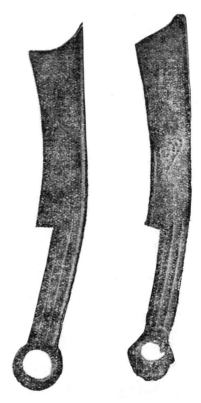

春秋战国时期的
货币——刀布

业商业的逐步发展，东周则是这个发展的开始。

第七节 新旧制度的演变

东周是诸侯、大夫盛行兼并的时期，同时也是华族

和南方蛮国争霸的时期。频繁的战争逐渐破坏了旧制度，产生了新制度。新旧制度最基本的变化，就是旧的宗族制度逐渐在破坏，新的家族制度逐渐在兴起，也就是旧的领主阶级逐渐被新的地主阶级所代替，旧的农奴阶级逐渐被新的农民阶级所代替。跟着这个最基本的变化，其他制度也变化了。制度演变显然可见的有下列几种：

世卿 东周后半期，国君的政权，转移到某几家大夫手里。这些有权大夫，世世相传，对诸侯说来，是把持国政的世卿；但世卿在自己的宗族内，用士作家臣，家臣并非世袭。诸侯国内世卿制盛行，世卿家内却是家臣制盛行。家臣制到战国时变为客卿制，到秦汉变为官僚制度。

养士 齐桓公创霸，养游士八十人，给与车马衣裘财币，周流四方，号召天下贤士来齐国。齐懿公想篡位，出家财招士，后来果得齐国。晋世卿栾怀子喜欢养士，执政范宣子怕他，驱逐怀子。有人劝宣子说，州绰、邢蒯是勇士，不妨让二人回来。宣子说，他们是栾家的勇士，对我有什么好处？人说，你能象栾家那样养他们，就成你的勇士了。谁给士衣食，士就给谁出力，这是士的特征。大夫采邑不断扩大，士的需要也不断增加，于是有专门训练士的大师出现。孔子聚士讲学，有大弟子七十二人，经孔子称扬的，多数做了官。孔子本人也是士，三月不得禄位，就慌张起来，所以仆仆风尘奔走列国求禄位。东周末年，墨子是士的大师。大师有介绍弟子做官的义务，学成的可以要求介绍，做了官的应该招待同学并送金钱给大师。士在经济上属于地主阶级，在政治上是有才能而且可以随意进退的官僚。孔子"讥世卿"，表示地主阶级的士对领主把持政权的不满，到后来，士终于取得了跻身卿相的机会。

郡县　西周时期，人口极稀，在广漠的地面上，零零星星地散布着一些住人的大小城堡叫做邑。较大的邑里住着天子或诸侯，所以邑也称为国。东周时期，由于兼并战争的发展，国境扩大了，大夫采邑也扩大了。一般情况是大夫所居邑以外的大邑，大夫派士去管理，称为邑宰；国君所居都邑以外的大邑，有些仍称邑，有些称为县。县是直属于国君的一个行政区域。县行政官长一般称为大夫，有些称守或称尹，地位比邑宰高。不论邑宰或县大夫，都不是分封世袭而是随时可以调动的官员。这种废除领主割据，含有进步意义的制度，在某些大国里通行起来。楚灭九国，改设九县。晋齐等国有按兵车数分县法，能出兵车一百乘的地区成为一县。晋大夫韩氏有七邑，按兵车数等于七县。前五一四年，晋灭强宗祁氏，羊舌氏，分祁氏田为七县，分羊舌氏田为三县。又有按家数分县法，齐景公赐晏婴一个千家之县，晋知过说，封赵葭、段规二人万家之县各一。晋齐县制齐整，优于楚国的大县制。郡也是晋国的一种地方制度。晋开辟边地，离国都辽远，特设郡这种行政区域,国君赋予郡大夫较大的权力,使有权应付突发的事变。郡大夫官位比县大夫低,权力却比县大夫高。晋三家灭知氏以后,郡地位提高,县受郡统辖。郡县制的创立,加强了国君统治的力量,加速了分封制度的崩溃,国家统一的可能,增进了一步。战国时,各国都采用郡县制。自秦始皇统一中国后,郡县制成为历代沿袭的地方制度。

兵制 经书没有骑字。战争和交通都用车。马驾车,不单骑。春秋末年某些战争中开始用骑兵。使用步兵作战,在东周前期已经开始。郑庄公败北戎,晋荀吴败众狄,都用步兵制胜。因为戎狄居山谷间,用步兵攻扰华族地区,华族攻戎狄,不得不毁车用步。荀吴败狄以后,晋连年用兵,消灭众狄,步兵战术大概在攻伐戎狄战争中发展起来。公田制废除后,土地私有制逐渐通行,田间行车的道路(阡陌),不再是公田时期的整齐形状,车战渐感不便,战国时,步骑兵成为主要兵种,战车失去了重要性。

春秋以后(前四八一年,鲁哀公十四年以后)战国以前(前四〇三年,周威烈王二十三年以前),中间凡七十余年,是两段历史的剧转时期,可是记载非常简略,不能考见当时变化的详情。例如春秋时期还讲周礼,尊王室,重祭祀,论宗姓氏族,列国间朝聘盟会,赋诗言志,有死丧事故,赴告各国,供史官记录。到战国时期,一切都不讲了。这个变化的原因是争霸战争转变为争

146

统一的战争，周天子对诸侯国的政治影响完全消失，因之与周礼有关的各种惯例也就被废弃。

第八节　古代文化的创造

中国文化的起源，就地下发掘说来，可以上溯到几十万年，就书籍记载说来，一般从夏商说起，也就是从私有财产制度开始确立的时候说起。不过夏商二代，尤其是盘庚迁殷以前，缺乏可信的史料，无法确知当时的真相，只能在先秦传说里，约略推见些稀疏的影子。

《礼记·表记篇》载孔子说，夏代尊命（天命），畏敬鬼神但不亲近，待人宽厚，少用刑罚。夏俗一般是蠢愚朴野不文饰。殷代尊神，教人服事鬼神，重用刑罚，轻视礼教。殷俗一般是掠夺不止，求胜无耻。周代尊礼，畏敬鬼神但不亲近，待人宽厚，用等级高低作赏罚。周俗一般是好利而能巧取，文饰而不知惭愧，作恶而能隐蔽。可以相信孔子这个比较是有事实依据的。夏朝社会在氏族制度基础上开始划分了阶级，这对单纯的氏族制度说来，显然是一个进步。当时阶级矛盾还比较和缓，统治者还不需要着重利用鬼神和刑罚来维持自己的权力。在那样的社会里，自然只能产生低级的文化，即尊命文化。商朝进入奴隶制社会，统治者需要借重神（包括天、命、鬼）与刑来压迫大量奴隶。在那样的社会里，斗争发展了，因而产生了较高度的文化，即尊神文化。西周进入封建制度社会，按照尊卑、亲疏、贵贱、长幼、男女等差别，制定出表现等级制度的礼。每一等人各有一定的义务和权利。尊贵人权利大、义务小，卑贱人义务大、权利小。在当时含有进步意义的初期封建社会里，礼可以巩固统治者的地位，作用比鬼神刑罚更大。这种尊礼文化，高出于夏人对自然界完全无能的尊命文化，也高出于商人假借鬼神、贪暴无耻的尊神文化，因为尊礼文化多少承认被统治者有些卑贱人的权利，虽然这种权利是极其微小的。

在劳动人民没有成为自己的社会关系底主人翁以前，也就是说，当各种剥削阶级统治着社会的时候，人们自己的社会行动的规律都是与人们对立的，例如种地的人不得饱，织布的人不得暖，好象有一种外来的统治于人们之上的自然规律。这样，代表剥削阶级意志的天、命、鬼、神通过宗教、哲学、礼制等形式，有力地帮助了统治地位的巩固。尊礼文化当然不是说不尊神了，只是说劳动民众在周代开始被统治者承认为人，人与神的关系因而有可能作多样的新解释，到东周时期多样的新解释就发生了。

社会逐步向前发展，新起的社会制度必然要破坏旧有的社会制度，但破坏程度各民族历史并不一致。中国古代社会也经历过奴隶社会、封建社会，不过它们

148

对氏族制度的破坏是逐渐的，缓慢的。西周宗族制度，就是封建制度与氏族制度相结合的一种制度。到东周时期才发生了比较剧烈的破坏。

东周大小宗族间展开了长期的兼并战争，许多国家和采邑灭亡了，原来的经济基础变化了。在战争中某些统治者继承西周敬天保民思想，体会到天、命、鬼、神不一定可靠，可靠的却是负担赋税兵役的庶民。由于对祀与戎两件大事有了新的认识，因而东周在西周进步的但是简单的文化基础上表现出伟大的创造性，产生卓越的大政治家、大军事家、大思想家。他们的著作与遗留的言论，极为丰富，给后来的封建文化开辟了大路，并奠定了坚实的基础。

东周思想家继承西周敬天保民思想，虽然还不敢也不能直截否认天、命、鬼、神的存在，但它们已被明确地放在民的附属地位。这里所谓民，有时包括统治阶级中人在内，不过这并不重要。因为只要认识民为主体，神是附属，就是思想上的一个大贡献。两周以后，宗教在华族里，即使有时盛行，却不曾获得绝对支配的权威，给社会进化以巨大障碍，东周思想家对神的解释，是起了作用的，他们的解释是可以珍视的。

随季梁说，"夫民，神之主也。是以圣王先成民而后致力于神。"（《左传》桓公六年）

虢史嚚（音银 yín）说，"吾闻之：国将兴，听于民；将亡，听于神。神，聪明正直而壹者也，依人而

行。"（庄公三十二年）

虞宫之奇说，"鬼神非人实亲，惟德是依。故《周书》曰'皇天无亲，惟德是辅'。……若晋取虞，而明德以荐馨香，神其吐之乎？"（僖公五年）

宋司马子鱼说，"祭祀以为人也。民，神之主也。"（僖公十九年）

郑子驷子展说，"要盟（被迫盟誓）无质，神弗临也。所临惟信。……明神不蠲（不赞成）要盟，背之可也。"（襄公九年）

"卫献公使祝宗告亡（失国），且告无罪。定姜曰：无神何告？若有，不可诬也。"（襄公十四年）

对民有利益的人和物，才被尊敬为神，神一定是"聪明正直"不害民的。害民的是妖、厉、怪，不得称为神。神大体分三类：一类是自然物，如天、日、月、星、辰、名山、大川（山川能出云下雨），下至猫（能食田鼠）、虎（能食田豕）。一类是有关日常生活的物，如雷（堂屋）、门、行（道路）、户、灶。一类是曾为民创立新法，抵御大灾大难，勤民事劳苦身死，用武力驱杀暴君的古人，如神农、周弃（稷神）、后土（社神）、帝喾（观天象造历）、尧（行善政，让天下）、舜（勤劳死在山野）、鲧（治洪水死）、禹（治平水土）、黄帝、颛顼（教民创造财富）、契（教育）、冥（治黄河死）、汤（伐夏桀除虐政）、文王（文治）、武王（伐商纣，去民祸）等人，都是有大功于民，所以得列在祀典。凡被尊为神的人、物，只是因为曾经立

150

了大功或对人有利益,才受到人的爱戴和报谢,不是因为怕他们有什么暴力淫威,也不一定信他们真有精灵存在着,向他们献媚。即使献媚,也不能有所得,"非其所祭而祭之,名曰淫祀,淫祀无福"(《礼记·曲礼》)。无功的古人称为鬼,只许他自己的子孙祭祀,不该祭他的人祭他,叫做"非其鬼而祭之,谄也"(《论语·为政篇》)。先有人事而后有鬼神,不是先有鬼神而后有人事,神"依人而行"(《左传》庄公三十二年),不是人依神而行,这就是东周思想家的鬼神观。

周内史叔兴说,"吉凶由人。"(僖公十六年)

鲁闵子马说,"祸福无门,唯人所召。"(襄公二十三年)

吉凶祸福在于人事好坏不在鬼神的威灵,鬼神的作用实际上被否定了。最高的神是天或称皇天上帝,表现天意的是命。《孟子·万章篇》引《泰誓》说"天视自我民视,天听自我民听"。不论周武王是否说了这些话,至少《泰誓篇》的作者确有这种思想。周公说"惟命不于常",《礼记·大学篇》解释说"道善则得之,不善则失之"。天命的得失由于政治的善不善,也就是得民心还是失民心。两周思想家认为天也是依人而行的,天命就是民生和民意,天本身并无独立的意志。

《皋陶谟》说,"天聪明自我民聪明,天明畏自我民明威。"(《尧典》疑是东周史官所作,《皋陶谟》疑出同时)

"邾文公卜迁于绎。史曰，利于民而不利于君。邾子曰，苟利于民，孤之利也。天生民而树之君，以利之也，民既利矣，孤必与焉。左右曰，命可长也，君何弗为？邾子曰，命（天命）在养民，死之短长，时也。民苟利矣，迁也，吉莫如之。"（文公十三年）

周刘康公说，"吾闻之：民受天地之中以生，所谓命也。"（成公十三年）

晋师旷说，"天生民而立之君，使司牧之，勿使失性（生）……天之爱民甚矣，岂其使一人（君）肆于民上，以从（纵）其淫，而弃天地之性，必不然矣。"（襄公十四年）

郑裨谌（音沉 chén）说，"善之代不善，天命也。"（襄公二十九年）

鲁穆叔引《大誓》说，"民之所欲，天必从之。"（襄公三十一年）

天命鬼神地位的后退，主要由于庶民力量被某些统治者所认识，别一原因则是科学性知识在东周时期有显著的进步，其中最重要的是观象授时的知识。

农业必须与历法相配合，历法进步也就是农业在进步。《夏小正》相传是夏朝历法，可信其中一部分确从夏朝流传下来。《夏小正》依据草木鸟兽等天然现象定季节，含立春的一月（即所谓建寅）成为孟春正月。天象主要观测北斗的运行，因为北斗在纪元前二三千年间，位置极近北极点，整夜出现在地平线上，便于观测。"正月斗柄悬在下"，"六月初昏斗柄正在上"，确是夏朝的天象。夏朝后期发明干支，也是历法的一个进步。殷朝历学家已经体验到太阳历一岁的开始，在立春月以前，岁首提早一个月（即所谓建丑），改十二月为正月。又创闰月法，调节节气。周朝历学家用土圭测日影长短，又观测黄道赤道附近的星座，区分为二十八宿，由此得知冬至点在十一月，改十一月为岁首正月（即所谓建子）。又发现岁星（木星）十二年一周天（实际是一一·八六年一周天），因而有岁星纪年法。西周后期推得日月之交会点，因而废朏（音匪 fěi 新月初见的一天）用朔。这些历法上的成就，都比商朝进步，不过所谓冬至点、日月交会点绝非精确。到春秋鲁宣公以后，冬至才确定在子月（周正月、夏十一月），朔日也大体不误，同时十九年间置七个闰月也相当整齐，节气得以比较正确地用于农业。东周时期天文历学的显著进步，有助于人对自然界的认识。观象以外，良医用药治病，战争胜败依靠人力计谋，不依靠鬼神吉凶（孙子《九地篇》"禁祥去疑"），也都使人从经验中逐渐感到天命鬼神的虚幻。

东周兼并战争盛行，某些统治者看到许多胜败兴亡的事实，积累起丰富的政治经验。他们懂得没有民不可以战守：

楚鬬廉说，"师克在和不在众，商周之不敌，君

之所闻也。"（桓公十一年）

晋士芛（音委 wěi）说，"虢公骄，若骤得胜于我，必弃其民。无众而后伐之，欲御我谁与（助）？"（庄公二十七年）

晋栾武子要伐楚，韩献子说，"无庸。使重其罪，民将叛之，无民孰战？"（成公十五年）

郑子产断定陈国必亡，说，"陈……聚禾粟，缮城郭，恃此二者而不抚其民……能无亡乎？"（襄公三十年）

他们也懂得民是立国的根本：

陈逢滑说，"臣闻国之兴也，视民如伤，是其（国）福也；其亡也，以民为土芥，是其祸也。"（哀公元年）

因为民是国本，所以君失民心，君就要失国，大夫得民心，大夫就可以得国。鲁昭公被季氏驱逐出国，死在国外，晋赵简子问史墨，"季氏出其君，而民服焉！"史墨说，"鲁君世从其失，季氏世修其勤，民忘君矣，虽死于外，其谁矜之？社稷无常奉，君臣无常位，自古以然。故《诗》曰'高岸为谷，深谷为陵'，三后之姓（虞夏商子孙）于今为庶（庶民），主（简子）所知也。"（《左传》昭公三十二年）宗族制度的宗子，是当作始祖的继体（替身）而存在的。国君是一国的宗子，地位尊严，不可侵犯。史墨敢于说"社稷无常奉，君臣无常位"，正反映东周后期宗族制度没落，强有力的大夫开始企图得国的情况。他

154

们既然否认了国君是始祖（始封人）的替身，那末，君与国不是一体，国应高于君。因此，当时也存在着这样的一种思想，即民不是君的私属，臣也不是君的私属，民、君、臣都属于国家。齐国大夫崔杼杀齐君，晏婴不肯从齐君死，说，"君民者岂以陵（虐）民，社稷（国家）是主（负责行国政）；臣君者岂为其口实（禄养），社稷是养（为国家所养）。故君为社稷死，则死之；为社稷亡（失位出亡），则亡之；若为己（国君个人）死而为己亡，非其私昵（音溺 nì），谁敢任之？"（《左传》襄公二十五年）这里区别君与社稷、臣与君的关系，到了各强国为统一中国而战争的战国时期，进一步便得出孟子所说"民为贵，社稷次之，君为轻"（《孟子·尽心篇》）的名论。

要立国必须得民，要得民必须讲求政事，东周时期各国多有政治家，最著名的是齐国管仲和郑国子产。

齐桓公创霸业，主要是得管仲的助力。传说齐自太公立国，即重视通商和手工业。管仲出身商贾，相桓公，分全国为士乡（即农乡）与工商乡。优待工商，不服兵役，使成专业。士乡废公田制，优待甲士，有田不自耕，专练武艺。这种改革西周以来旧制度促使社会加速分化的措施，应是管仲最大的功绩。

郑地处晋楚两大霸国间，为两国所必争。郑国狭小，力不能自立，要避免灭亡，不得不讲求内政外交的善策。《左传》宣公十四年所谓"郑昭（明）宋聋"（宋国愚蠢），说明郑是一个机智的国家。在这个国家里，产生法、纵横两家，子产是这两家的创始人。

子产执国政二十余年（前五四三年——鲁襄公三十年至前五二二年——鲁昭公二十年），发挥了高度的政治才能。《左传》襄公二十五年载他的话说，"政事和农事一样，要经常用心思考，既想这一件事如何开始，也想这一件事如何结束，按照预定步骤，切实去实行。行动不要超越已经思考过的范围，好比农夫耕作不要超越自己的田边，这样，错误就少了。"据《左传》所记，子产在政治上不曾遭受过失败，因为他每一行动都事先经过思考。

子产曾改革军赋制度，很多城里人毒骂他。他说，"不妨。只要对国家有利，我死也得做，我知道，行善政不要中途改变法度，坚持才有成功。人心不可放纵，法度不可改变，……我下决心不改变了。"（《左传》昭公四年）他治国主张行猛政，理由是"火性猛烈，人见了害怕，所以很少有烧死的人；水性懦弱，人喜欢玩水，好多人因而溺死"（《左传》昭公二十年）。他所谓猛政，就是把严厉的刑法公布出来，让人不敢犯。前五三六年（鲁昭公六年）子产在金属鼎上铸刑书，遭到守旧派的反对。晋国大夫叔向寄信劝告子产说，"法律一经公布，人们知道如何避免刑罚，不怕长上了。是非专凭刑书，长上怎样行政呢？"子产回答说，"我为的救世呵！"郑国重商业，贵族利用随意轻重的刑罚压迫商人和新起的土地所有者，对郑国说来，是很不利的。子产公布法律，多少有些限制贵族权力的作用。过了二十多年，晋国也铸刑鼎，公布范宣子所作的刑书。孔子在这件事上代表贵族的保守观点。《左传》昭公二十九年载他的话说，晋国要亡了。晋国不守唐叔和晋文公的旧法，造作刑鼎，民只看鼎上条文不看贵人面孔了。贵人还能做什么！贵贱没有次序，怎么立国呢！叔向、孔子想要法律神秘化，独掌在贵族手中，使庶民莫测，不敢轻试。子产首创刑鼎，削减贵族特权，确是一个进步的措施。子产以后，郑国又有邓析，造新刑法，写在竹简上，号称竹刑，为郑国所行施。战国时韩国有著名法家申不害、韩非（韩灭郑后，郑韩合一），因为郑国社会在东周时期变化最大，法家学派正是代表商人和新兴地主利益的学派，郑国成为法家学派的中心产地，不是偶然的，而子产则是法家学派的创始人。

郑国参与诸侯盟会，言辞极其慎重。《论语·宪问篇》载孔子说子产准备言辞的过程，首先是裨谌起草，其次是世叔讨论，其次是子羽修饰，最后由子产润色订定。《左传》襄公二十五年载孔子赞叹子产的慎辞，说"古人说过，'言语为的充分表达意思，文饰为的充分表达言语'，不说话谁知道他的意思，说话没有文饰，不能传到远处，子产的文辞传播远近，因为他经过慎重的准备"。战国时纵横家掉三寸舌在政治上非常活跃，子产是纵横家的最初创始人。

东周时期战争频繁，出现了许多军事家，又积累了丰富的军事经验。如"夫战，勇气也，一鼓作气，再而衰，三而竭。彼竭我盈，故克之"(《左传》庄公十年)，如"允当则归"(保存余力)、"知难而退"、"有德不可敌"(僖公二十八年)，"亡(将亡)者侮之，乱者取之"(襄公十四年)，"夫兵，民之残也，财用之蠹，小国之大灾也"(襄公二十七年)，"小国无罪，恃(有恃无恐)实其罪"(昭公元年)，"息民五年而后用师，礼也"(昭公十四年)，"小国忘守则危。……国之不可小，有备故也"(昭公十八年)，"先人有夺人之心，后人有待其(敌)衰"，"用少(兵少)莫如齐(齐心)致死，齐致死莫如去备"(《左传》昭公二十一年)，这些都是军事规律，记载这些规律的书叫做军志，当时统治阶级中人，经常作战，都熟习军志。吴王阖闾(前五一四年至前四九六年)的将军齐国人孙武，总结军事经验，著兵法十三篇，成为军事学的经典。十三篇中包含着丰富的唯物辩证法思想的因素，与《老子》五千言同为研究中国古代哲学思想的重要著作。

郑国子产创法家，齐国孙武创兵家，鲁国孔丘创儒家，宋大夫墨翟创墨家，重要学派除了道家，东周后半期都创始了。基本原因就在于东周社会由于兼并战争而发生大变化，宗族制度在破坏，家族制度在兴起。在兴起的经济基础上，反映出创造性的学术思想。

第九节　孔子及其所创儒家学说

东周时期产生许多思想家、政治家、军事家。在军事家中首推孙武，在思想家、政治家中首推孔子和墨子。他们都生在东周后半期，他们的学说都发生大作用，特别是孔子，当他活着的时候，就有人尊奉他为"圣人"。此后整个封建时代里，孔子学说适应统治阶级的需要，随时变化，总是处于显学独尊的地位，不曾有其他学派或宗教推倒它。孔子确是封建社会集大成的"圣人"，是中国古代文化的伟大代表人。

孔子名丘，字仲尼，鲁国曲阜人。先世是宋国贵族，曾祖父逃难到鲁国。父叔梁纥(音合 hé)，曾做鲁陬(音邹 zōu)邑(山东泗水县东南)宰。宋是商朝的后代，鲁是周公的旧封，春秋时列国都到宋、鲁"观礼"，因为它们是保存商周文化最多的旧国。孔子创立儒家学派，和宋、鲁两国主要是鲁国有密切的关系。

孔子生于前五五二年(鲁襄公二十一年)，卒于前四七九年(鲁哀公十六年)，年七十三岁。这正当东周后半期，公室卑弱，大夫兼并，宗族制度在瓦解，家庭制度在兴起，社会发生大变动的时候。当时处在社会中间的士阶层，上有贵族大夫，下有庶民工商，能上达但不能顺利上达，怕下降但可能失职下降。士在军事上任作战骨干,政治上任中下级官吏,文化上学得古今知识,经济上拥有私有田宅产业,社会地位重要而不高,想取得官职,必须依附把持国政的世卿贵族。士"四体不勤,五谷不分"(《论语·微子篇》),耻恶衣恶食,认定耕种要挨饿,学道可得禄(《论语·卫灵公篇》"耕也馁在其中矣,学也禄在其中矣"),看不起老农老圃的劳苦生产,唯一希望是做官食禄。但士在未出仕时,生活接近庶民或过着庶民的生活,还能看到民间的疾苦,懂得"节用而爱人,使民以时"(《论语·学而篇》)、"百姓足,君(国君)孰与不足;百姓不足,君孰与足"(《论语·颜渊篇》)、"不患寡而患不均,不患贫而患不安"(《论语·季氏篇》)、"财聚则民散,财散则民聚"、"与其有聚敛之臣,宁有盗臣"(《礼记·大学篇》)一类治国安民的道理。士是统治阶级的最下一层,当他ʀ仕干禄向上看时,表现出迎合上层贵族利益的保守思想,当他穷困不得志向下看时,表现出同情庶民的进步思想。士看上时多,看下时少,因此士阶层思想保守性多于进步性,妥协性多于反抗性。孔子学说就是士阶层思想的结晶。

士阶层思想偏上而地位近下,对上妥协,对下也要有些妥协,这样,中庸就成为最适合的哲学思想。孔子学说全部贯注着"中立而不倚"的中庸思想。他赞叹中庸是至高极难的一种美德,他说,"中庸之为德也,其至矣乎?民鲜(少有)久矣!"(《论语·雍也篇》)中庸应用在人伦上，是父慈，子孝；兄良，弟悌；夫义，妇听；长惠，幼顺；君仁，臣忠。中庸应用在政治上，是"民以君为心，君以民为体"（《礼记·缁（音资 zT）衣篇》）。中庸应用在行为上，是"过犹不及"（《论语·先进篇》），"无可无不可"（《论语·微子篇》）。中庸应用在教育上，是"求（冉求）也退（性好谦退），故进之；由（子路）也兼人（性好胜人），故退之"（《论语·先进篇》）。一切都得合于中庸之道，而中道所在，要依据情况随时移动。移动求中道称为权（秤锤），权总是偏在尊者贵者亲者一方面。孟子阐发权的作用，《尽心篇》里说"杨朱主张为我，如果拔他身上一根毛对天下人有利，他是不干的；墨翟主张兼爱，如果把自己身体磨成粉末对天下人有利，他是愿意干的。子莫（鲁人）主张执中。执中近于中庸之道了，但中一定要有权，按照事情轻重来得到中，如果执中而不变，那是偏、不是中。执着一偏便失去中庸之道"。《礼记·仲尼燕居篇》载子贡问孔子"中到底是什么？"孔子说"礼呵礼！礼是所以制中的"。尊者贵者规定了礼，合乎礼就是合乎中。尊者贵者不能对所有正在发生的事情都规定出一个礼，而处理事情又必须有一个中，孔子和儒家大师处理或议论这些事情的所谓中，弟子记录下来都成了礼或理（说明礼的意义就是理）。孔子活着的时候，齐国晏婴说他礼节繁盛，几辈子也学不完他的礼。孔子死后，儒家大师各说他们认为得中的礼或理。儒家代贵者尊者制礼并讲理，适合统治阶级的需要，因此，孟子以前，儒学实际就是礼学，遭受墨家猛烈攻击的也就是这个礼学。

中庸思想是士阶层妥协性的表现。理论上中道虽然偏在贵者尊者方面，对卑者贱者的利益却还要兼顾，但事实上贵者尊者并不实行自己应负的责任，而卑者贱者总负着片面的过度的义务。这样，中庸之道讲不通了。凡讲不通的事情，都归到天命。高远莫测的叫做天，无可奈何的叫做命。得罪了天，祈祷是无用的。君子畏天命，不畏天命的是小人。孔子五十岁才懂得天命，就是说懂得天命一切都能讲通了。孔子不很谈天道与天命，战国时，唯心的仁义学派大师子思孟子才开始发挥天命和五行学说，唯物的礼乐学派大师荀子把天看作只是自然存在的无知之物，根本否认有天命。

孔子也用中庸思想来看人与鬼神的关系。他不谈神怪，也不明确否认神怪。他说"未能事人，焉能事鬼"，"未知生，焉知死"（《论语·先进篇》），"敬鬼神而远之"（《论语·雍也篇》）。这种对鬼神的不可知论，实质上掩藏着唯物论的因素。墨家有鬼，道家无鬼，儒家居中，可以引申出无鬼论，也可以引申出有鬼论。在和有鬼论作斗争的时候，儒家常常是无鬼论者。中国历史上曾经有各式各样的宗教侵入中国，尽管它们在某一时期得到盛行，但总不能生根长存。从南北朝到隋唐，高度盛行的佛教，也并无例外。抵抗宗教毒的力量，主要来自儒家学说，固然它本身也含有封建礼教的毒汁，两毒比较，宗教毒当然更重。因为儒学毒根一般生在统治阶级的土壤上，而统治阶级是可以消灭的。宗教的毒根，一般生在被压迫阶级里，要拔生长在广大劳苦群众里的毒根，费力很大，收效缓慢。汉族受宗教毒较轻，不能不归功于儒家学说的鬼神不可知论。

士阶层在当时是新兴地主阶级也是新兴家族制度的有力代表，它对宗族制度有一定的反抗性，不过这只是一些微弱的反抗性。孔子曾为鲁国大司寇，要加强鲁君的权力，拆毁季孙氏、孟孙氏、叔孙氏三家的都城。孟孙氏拒绝毁城，孔子攻打不下，也就妥协了。佛肸（音必希 bì xī）据中牟反抗晋大夫赵简子，请孔子去帮助，孔子要去，被弟子子路劝阻。孔子修《春秋》，寄托他的政治思想。按《春秋》书法，凡暴君被杀，概称某国人弑其君某某，表示国人皆曰可杀的意思，但仍称弑不称杀，表示到底是以下犯上。孔子所反映的士阶层的反抗性就是这么一点。

孔子创儒家学说，主要内容是礼乐与仁义（《论语》说义比说仁少，说礼实际即说义）两大部分。"道（导）之（民）以德，齐之以礼"（《论语·为政篇》），是孔子最高的政治思想，德指仁义，礼指一切统治阶级规定的秩序。亲亲、尊尊、长长、男女有别是礼的根本，依据这些固定不可变的根本，制出无数礼文，用以区别人与人相互间复杂的关系，确定每一个人应受的约束，使各守本分，不得逾越。单要求人守礼，孔子认为不合中庸之道，必须用乐来配礼。乐是从感情上求得人与人相互间的妥协中和，使各安本分。礼用以辨异，分别贵贱的等级；乐用以求同，缓和上下的矛盾。礼使人尊敬，乐要人亲爱。礼严肃形于外，乐和顺存于内。礼有乐作配，礼的作用更增强了。

单有礼乐，没有道德作根本，还不够适合政治上的需要。孔子说"人而不仁，如礼何！人而不仁，如乐何！"（《论语·八佾篇》）就是说，没有仁作思想基础，礼乐是空虚的。"仁者人也"（《礼记·中庸篇》），仁就是做人的道理，也就是爱或同情心。爱或同情心不可流为兼爱，必须有等次。等次称为义。"义者宜也"（同上），义的意义是适宜、合礼，也就是中庸之道的权。爱父母叫做孝，爱兄长叫做悌，爱君上叫做忠，按照尊卑、贵贱、亲疏、长幼、男女等差别，表现出各种轻重不等的爱或同情，与礼相适应。所以说"仁近于乐，义近于礼"（《礼记·乐记篇》），在外的是礼乐，在内的是仁义。讲来讲去实际只是要达到一个目的，就是服从统治阶级的礼。孔门第一大弟子颜渊问什么是仁，孔子答称"克己复（合）礼为仁"，具体做法是"非礼勿视，非礼勿听，非礼勿言，非礼勿动"（《论语·颜渊篇》）。一句话，不合礼就不合做人的道理。

据说，孔子很少讲仁，但《论语》记载讲仁的话，却在一百条以上，其中很多是孔子讲的。不过孔子虽然

164

讲了很多条的仁，一般是讲士的修身法。孔子讲仁的真正要义在孝，他的弟子有若说，"其为人也孝弟（悌），而好犯上者鲜（少）矣。不好犯上而好作乱者，未之有也。君子务本，本立而道生，孝弟也者其为仁（人）之本欤！"（《论语·学而篇》）子弟敬爱父兄，本出于心理的自然，在封建社会的家族制度里，孝悌应是一种基本道德，也是为庶民所乐于接受的一种道德，但在儒家看来，提倡孝悌，在于防止犯上作乱，不问那个"犯"和"乱"是否合理。毛主席《实践论》里说"各种思想无不打上阶级的烙印"①，确是不可移易的真理。

孔子学说妥协性多于反抗性，也就很自然的保守性多于进步性。孔子反对横征暴敛，认为"苛政猛于虎"（《礼记·檀弓篇》）。《论语·先进篇》载他的弟子冉求做季氏宰，替季氏聚敛，孔子很愤怒，说"这不是我的学生，弟子们敲着鼓攻击他罢！"这是孔子出于真情的爱民精神。他主张举贤才，慎刑罚，薄赋敛，重教化，斥责那些为政者，说"不教而杀谓之虐，不戒（预先告人准备）视成（立等成功）谓之暴，慢令（自己无信）致期（要民从令）谓之贼"（《论语·尧曰篇》），这都是孔子学说的进步面。不过孔子把民看作愚昧无知的人，可以使由（服从）之，不可使知之，这又说明他的政治思想基本上是保守的。

---

① 《毛泽东选集》第一卷横排本第二六〇页。

孔子主张大一统，要求天子治天下，诸侯治本国。他崇拜辅相成王制礼作乐的周公旦。他想复兴周道，保持并加强周天子和各国诸侯的权力，举贤士大儒作辅相。他的理想政治是"天下有道，则礼乐征伐自天子出，天下无道，则礼乐征伐自诸侯出（齐晋等霸主）。……天下有道，则政不在大夫；天下有道，则庶人不议"（《论语·季氏篇》）。孔子生在东周，还只好寄统一的希望于名义上为天下共主的周天子，虽不可能成为事实，但中央集权的统一思想，开始萌芽，实含有进步的意义。因为孔子要用礼乐仁义来求得统一，对战争取反对态度（《孟子·尽心篇》所谓"春秋无义战"），不了解兼并战争客观上正是破坏诸侯割据的旧秩序，走向大一统的必经路程。"仍旧贯（守礼制），何必改作"（《论语·先进篇》），就是孔子保守思想在政治上的表现。

孔子是"祖述尧舜，宪章（效法）文武"（《礼记·中庸篇》）的复古主义者，但又是善于用权、"无可无不可"的"圣之时者"（《孟子·万章篇》），孔子学说含有多面性，所以儒家学派总能适合整个封建时代各个时期的统治阶级的需求，从孔子学说中演绎出各种应时的儒家学说来。孔子和儒家学说无可置辩的是中国封建文化的主体。

封建领主和新起的地主都属于封建地主阶级，本质是一致的。由于他们对生产资料的关系有些区别，因而在政治上的要求也有些区别，但这些区别并不损害他们的一致性。而且在孔子时，新起的地主还不是一个成熟的阶级，它还没有脱离领主、自己掌握政权的势力。孔子学说代表新起的地主，同时又主张维持领主统治，是可以理解的。

中国封建时代已经过去了，当作偶像崇拜的孔子也跟着过去了，但孔子对古代文化的伟大贡献和他在历史上的崇高地位，并未失去。因为他删订六经，保存了三代旧典；因为他创造儒学，形成了中国封建时代的文化核心；他的学说的某些部分，表现了汉民族在文化特点上的某些精神形态（如《论语·卫灵公篇》所说"有教无类"）；他的学说，也影响了中国境内外非汉族的各族，在汉族与各族间起着精神联系的作用。孔子基本上是个大教育家，他一生在学习、在思想，在温故知新，在诲人不倦。他积累了极其丰富的经验，特别是教育和行为方面的经验。比较原始可信的《论语》书中，记录着孔子很多的格言和公式，例如"学而时习之"，就是最好的学习公式；"知之为知之，不知为不知"（《论语·为政篇》），就是最好的科学格言。至于他那种繁富的学说，"把它分解为精华和糟粕两部分，然后排泄其糟粕，吸收其精华"[1]，对我们是有益的，他给中国人民留下一份珍贵的文化遗产，中国人民必须珍重这一份遗产。

----

[1] 《毛泽东选集》第二卷第六六七页。

第十节　儒家学派与儒经

　　孔子学无常师，自文武周公之大道以至技艺鄙事，都留心学习。他的学习态度是"多闻阙疑"(《论语·为政篇》)，"毋意(不任私意)、毋必(不武断)、毋固(不固执)、毋我(不自以为是)"(《子罕篇》)，虚心向别人学习。他说"三人行，必有我师焉。择其善者而从之，其不善者而改之"(《述而篇》)。他的学习方法是以学为主，他说"吾尝终日不食，终夜不寝，以思，无益，不如学也"(《卫灵公篇》)。学要与思相配合，他说"学而不思则罔(迷惑无心得)，思而不学则殆(精神疲怠)"(《为政篇》)。学又与问相配合，孔子入太庙，每事问。他的弟子也能够"以能问于不能，以多问于寡"(《泰伯篇》)。学又必须习，他说"学而时习之，不亦悦乎"(《学而篇》)。所学要与所行相符合，他说"君子耻其言而过其行"(《宪问篇》)，"听其言而观其行"(《公冶长篇》)。要多做事少说话，他说"君子欲讷于言而敏于行"(《里仁篇》)。学要从博返约，一以贯之(有条理有本末)。学要择善而从，有过即改，他说"多闻，择其善者而从之"(《论语·述而篇》)，"过则勿惮改"(《子罕篇》)，"过而不改，是谓过(真错误)矣"(《卫灵公篇》)。孔子说自己"学而不厌"，并非生而知之，确是事实。

孔子对自己是"学而不厌","不知老之将至",对别人是"诲人不倦"(《述而篇》),毫无保留,所以成为历史上最大的教育家。据说孔门弟子先后有三千人,高材异能以颜渊为首的门徒有七十二人(一说七十七人)。七十二人多数是鲁国人,也有卫、吴、陈、齐、宋、楚、晋、秦等国人。按地区说,孔子学说几乎传播到当时中国的全部。按年龄说,七十二人中子路比孔子小九岁,年龄最大,其余有的小三四十岁,有的小五十余岁。孔子死后,有亲身传授的弟子如子贡为鲁、卫相,有再传弟子如子夏的门人为魏文侯师,很多人取得尊显地位,有利于儒家学派的发扬和巩固。

孔子是第一个创设规模很大的私立学校的教育家。这个学校有孔子讲学的"堂",有弟子居住的"内"。送一束干肉以上的礼物,孔子就认他作弟子。孔子周游列国,弟子从行服役并随时学习。孔子给弟子们讲学,弟子们发问,孔子按各人的特点给与解答。某些弟子还被荐举去做官。孔子教人分德行、言语、政事、文学四科。弟子中德行最高的有颜渊、闵子骞、冉伯牛、仲弓;善于言语的有宰我、子贡;长于政事的有冉有、子路;擅长文学的有子游、子夏。文学指孔子所传授的经学,对后来儒学的流传,发生作用最大。

商朝已有史官,掌管典册。周朝和各诸侯国史官记言记事,积累大量典籍,一切有关文化的记载,都归史官掌管,子孙世代传习,供少数贵族的谘询与使用。

从《左传》、《国语》、《墨子》等书所引故书看来，东周时期原有很多书籍，特别是各国史记，墨子称为《百国春秋》，数量是不小的。不过这些书未曾流传，能看到的人极少。

孔子非常博学，收集鲁、周、宋、杞等故国的文献，整理出《易》、《书》、《诗》、《礼》、《乐》、《春秋》六种教本来，讲授给弟子们。这些教本写在二尺四寸长的竹简上被尊称为经，孔子和其他诸儒解释经义的文字写在较短的竹简或木版上称为传。有了儒家经传，随着儒家学派的盛行，六经以外的书籍逐渐亡佚。

整理六经有三个准绳：一个是"述而不作"，保持原来的文辞；一个是"不语怪、力、乱、神"（《论语·述而篇》），删去芜杂妄诞的篇章；一个是"攻（治）乎异端（杂学），斯害也已"（《为政篇》），排斥一切反中庸之道的议论。所以六经从形式上说是叙述旧文，从整理的准绳和经义的阐明说是创作新意，述与作是不可分的一件事。自孔子订定六经，儒家学派有一定教本，虽然孔子死后，儒家分为八派，基本上不曾超越六经别有什么新创的学说。

儒家经学在孔子以后，发生了对整个封建时代政治生活和精神生活的指导力量，中国封建制度的巩固与延长，儒学起着极其严重的作用。要了解中国封建社会的上层建筑，首先要研究儒学的经传。

《周易》 《周易》是许多占卜书中的一种。有六十四卦。每卦有六爻（音摇yáo），上三爻叫做上卦，下三爻叫做下卦，合成一卦。爻分阳爻（"—"）阴爻（"--"），阳爻在单位（一、三、五），阴爻在耦位（二、四、六，阴阳爻都自下向上数），叫做当位，反之叫做不当位。如《既济卦》☲☵，阳爻阴爻都当位，《未济卦》☵☲都不当位。按照爻的当位不当位等复杂关系，看出轻重不等的吉凶。每一卦有卦辞，说明本卦的性质，每一爻有爻辞，说明这一爻在本卦中的性质。卦辞爻辞文字极简单而又隐晦难懂，卜人筮人可以作多样解释来宣告吉凶。孔子曾用大功夫钻研卦辞爻辞，作为儒家的哲学思想传授给弟子。孔子讲说的记录及后来传《易》大师的补充，总称为《易传》或称《十翼》。《易传》有《彖（音 tuàn）辞》，用较多（比卦辞）语句断定一卦的大意。有《象辞》，其中依据一卦大意指出人应如何行动的简明语句，称为《大象》，解释爻辞的语句称为《象辞》。有《系辞》，总论全部《易》理，叙述孔子哲学的基本观点。有《文言》，专论乾、坤两卦。其余有《说卦》、《序卦》、《杂卦》三篇，不含什么重要意义。

《系辞》主要说明"变化之道"。观察天地、日月、四时、昼夜、寒暑、男女等自然界现象，知道一切都在变化，变化的发生是在于阳、刚、动与阴、柔、静两种相反的性质在"相摩""相推"，主动的力量是阳、刚、动。这一看法应用到人事上是"通其变，使民不倦，神而化之（创造新器物），使民宜之。易穷则变，变则通，通则久"。变动的目的在得利,得利是吉,失利是凶。"变动以利言,吉凶以情(合理、不合理)迁",就是说,吉(得)凶(失)并非固定不变。"安而不忘危,存而不忘亡,治而不忘乱",才能身安而国家可保,如果忘了危、亡、乱,安、存、治就会变成危、亡、乱。情在于人为,因之吉凶在人不在鬼神,"善不积不足以成名,恶不积不足以灭身。小人以小善为无益而弗为也,以小恶为无伤而弗去也,故恶积而不可掩,罪大而不可解"。卜筮的唯一作用是向鬼神问吉凶,吉凶既在人为,鬼神的权力便大大缩小,也就大大减轻了《易》原来的神秘性。孔子把主要与"鬼谋"(向鬼神问吉凶)的《易》改变为主要与"人谋"(人自造吉凶)的《易》,是思想上的一个进步。

《系辞》形容每卦的变化说"变动不居(固定),周流六虚(一卦六位),上下无常,刚(阳爻)柔(阴爻)相易,不可为典要(定准),唯变所适(适合时宜)"。六十四卦代表天地间万事万物,每一卦都在变化,也就是万事万物都在变化。这种看法自然是有理由的。不过变化以外,它还设立一个不可变的大范围,一切变化都不能超出这个大范围。《系辞》首先规定"天尊地卑,乾(阳)坤(阴)定矣。卑高以(既)陈,贵贱位(地位分明)矣"。尊者一定在上,卑者一定在下,士可以做大夫,大夫可以做国君,亡国亡家的国君大夫可以做庶人,但贵和贱的名分绝对不可变。儒家讲礼,凡制度、名号、器械、正朔等等都可以变,但亲亲、尊尊、长长、男女有别的封建等级制度决不可变,这和《系辞》思想完全一致。

《系辞》说变化的发生不是由于阳与阴的斗争而是由于阳与阴的和谐,不是向前发展,而是"终而复始"的循环、重复。天与地相附着,男(雄)与女(雌)相交媾,化生出万物来。日与月相互来去成昼夜,寒与暑相互交替成年岁。去的是暂屈,来的是暂伸,一屈一伸相互感动生出利益来。儒家学说代表士阶层的思想,士的利益在于向贵族求禄,在于教庶民出力服事长上,反对斗争是很自然的,这和中庸思想完全一致。

《周易》,特别是《系辞》,包含着自发的朴素的辩证法思想,是装在形而上学的框子里的辩证法。这是孔子哲学的根本所在,后来儒家学派的思想家如董仲舒、王充,都不曾超越过这个思想界限。

《尚书》 《尚书》是历代政治论文集。孔子选史官所藏历代重要典诰,上起《尧典》,下讫《秦誓》,相传共有百篇,事实上有些篇(如《禹贡》)是后儒补充进去的,原订篇数,无可稽考。秦焚书后,存留仅二十九篇。《尚书》有两大作用:第一,建立起虞、夏、商、周的历史正统观(统一的重心);第二,保存商周二代的重要史料,特别是西周初期《大诰》、《康诰》、《酒诰》、《梓材》、《召诰》、《洛诰》、《多士》、《无逸》、《君奭》、《多方》、《立政》、《顾命》、《康王之诰》等文篇的保存,可以推见商周二代的政治情况。这些文篇与西周初期的诗篇《周颂》、《豳风》、《周南》、《召南》配合起来,也可以推见西周社会的生产关系与意识形态。《禹贡篇》是战国时人所作，叙述黄河长江两大流域的山脉、河流、薮（音叟 sǒu）泽、土壤、物产、田等（分上上至下下九等）、贡赋、交通、落后种族居住地，文字简要，系统分明，总结了上古至秦华族势力已入四川（梁州）未越五岭时期的地理知识，确是极可宝贵的古地理志。《禹贡》托名禹平治水土的记录，选入《尚书》，被尊为经典，造成中国政治自来是统一、疆域自来是广大的信念，意义极为重大。

《诗》 《诗》是两周诗歌的名篇选集。亡佚六篇，存留三百五篇，概称为三百篇。按音乐性质分《国风》、《小雅》、《大雅》、《颂》四部分。据古文经学家说，《周南》、《召南》为《风》诗之首，作于克商以前。《周颂》《豳风》作于西周初期，《小雅》《大雅》作于西周时期，多数是宣王、幽王时诗。《国风》多数是东周前期作品，也有一些是西周时所作。《风》诗是地方音乐，诗篇多采自民间，富于生活的描写，文学价值最高，为后世创造性文学的源泉。《大、小雅》诗是西方音乐，文学价值不及《国风》，但不失为叙述西周政治盛衰的诗史。《周颂》是周天子宗庙祭祀的诗篇，音乐节奏极缓，甚至诗句可不用韵。这种感人不深但有重大历史意义的最古诗篇，因孔子选诗而得保存。《鲁颂》、《商颂》都是东周时人所作。据今文经学家说，《商颂》作者是宋贵族正考父（孔子的七世祖），《商颂》追述商朝盛世事，应有所本，与《尚书》中《商书》同为重要的商朝史料。

《礼》 周朝尚文，长时期积累起繁富的礼制。孔子选取士必须学习的礼制十七篇，称为《礼》或《士礼》、《仪礼》。十七篇中《丧服篇》最为重要，子夏特为作传。封建制度亲亲、尊尊、长长、男女有别的精神，《丧服篇》表现得最具体最清楚。《周礼》当是战国儒者采集重要国家如周鲁宋等国官制，再添加儒家的政治理想，增减排比造成一部有条理的官制汇编。说是周公所制，固不可信，但斥为儒者凭空伪造，全无依据，也不合情理。《周礼》不是全伪也不是全真，在乎审慎的选择。西汉传礼儒生戴德、戴圣，博采七十子后学者所记讲礼的文字，戴德选取八十五篇，称为《大戴礼记》；戴圣选取四十九篇，称为《小戴礼记》，简称《礼记》。《周礼》、《仪礼》、《礼记》合称《三礼》，稽考儒家思想与战国以前制度器物，《三礼》是重要的典籍。

《乐》 《乐经》亡佚。一说，《周礼·大司乐章》就是儒家所传的《乐经》。《礼记》有《乐记》一篇，记载儒家对乐理的讨论。孔子说，"移风易俗，莫善于乐，安上治民，莫善于礼。"（《孝经·广要道》章）儒家以乐配礼，重视音乐的作用，是他们的见到处，想用古乐来移风易俗，是他们的迂腐处。六经中《乐经》先亡，因为古乐使人"唯恐卧"，新乐使人"不知倦"（《乐记》），新乐便自然要代替旧乐。

《春秋》 《春秋》是一部编年体的历史。编年史起源当在西周共和时期。东周文化较高的诸侯国都有史官记事，如晋史名为《乘》，楚史名为《梼杌（音陶兀 táo wù）》，鲁史名为《春秋》。史官世代承袭，依据一定书法，忠实地执行职务。某些良史甚至杀身殉书法。前五四八年（鲁襄公二十五年），齐大夫崔杼杀齐君，太史依书法当朝官们写"崔杼弑其君"。崔杼怒，杀太史。太史两个兄弟继续写同一句话，都被崔杼杀死。最后一个兄弟还写那一句话，崔杼不敢再杀。南史氏听说太史兄弟被杀尽了，拿着竹简去写，半路上知道已经写成，才回家去。中国历史自前八四一年共和元年起，一年不断地编年记事，史官的贡献是巨大的。孔子用鲁史官所记《春秋》，上起隐公元年（前七二二年）下讫哀公十四年（前四八一年），凡二百四十二年事，整齐书法（《左传》载五十凡例，当即史官共守的书法），成为儒家经典的《春秋》（原来的《春秋》称为《不修春秋》）。孔子修《春秋》的目的在正名分，有褒有贬，要使乱臣贼子惧。儒家政治思想，以《春秋》为最高标准，封建等级制度的精神充分表现在《春秋》书法里。

《春秋》文字简单，意义隐晦。如鲁惠公死，子隐公不依继承法立为鲁君，《春秋》写"元年春王正月"，不说隐公即位，表示他不是正式做鲁君。又如写"齐崔杼弑其君光"（《春秋》襄公二十五年），意思是崔杼犯了弑君罪。又如写"莒人弑其君密州"（《春秋》襄公三十一年），意思是密州为莒国人所共弃。《春秋》如果当作历史来看，作用实在有限。相传与孔子同时的鲁国太史左丘明，采各国史记作《左氏传》，用事实说明《春秋》书法。桓谭（东汉初年人）《新论》说得好，"《左氏传》和《春秋经》，好比衣服有表面有里面，不可缺一。如果有经没有传，即使圣人关着门想十年，也想不出道理来。"不管左丘明是东周时人或战国时人，《左氏传》是左丘明作或非左丘明作，反正《左氏传》这部书保存了大量古史料，给中国史家创立模范，在史学史上有极高的地位。

解释《春秋经》的还有《公羊传》、《谷梁传》两家。两家都是口说，到西汉才写成文字。《公羊》学盛行于西汉，政治上有很高地位。《公羊》家自以为传孔子的微言大义，但和《左传》比起来，《公羊传》显然是空言说经，甚至有些是穿凿附会。《谷梁传》也是空言说经，态度却比《公羊传》谨慎些。

《论语》 孔子对答弟子和非弟子的发问，弟子们记录下来。孔子死后，弟子们（一说是仲弓、子夏等）集合成书，号称《论语》。传记中多引孔子语，大抵《论语》所载的孔子语比较近真。

以上所述几部经典，流传到现在，已经二千多年，经学本身起了多次变化并产生了各种派别。每一变化和派别，都或大或小地影响到文化的各个方面。所以不了解经学和儒家派别，很难了解中国文化的重要部分。

第十一节 墨子及其所创墨家学说

儒学创始者孔子死后，墨学创始者墨子继起。孔墨两大学派，都产生在东周后期，年代接近。孔子所创的原始儒学，礼乐占主要部分，墨家攻击礼乐，用别一种观点即庶民的观点，发挥仁义学说，成为儒家的反对学派。

墨子名翟，鲁国人（一说宋国人）。曾为宋国大夫。生卒年代不可考，据孙诒让《墨子闲诂》说，生卒约在前四六八年（周贞定王元年）至前三七六年（周安王二十六年）间。按《非攻篇》称当今天下四个好战国，齐、晋、楚、越。晋称一国，越尚强盛，自是东周末年的形势。墨子生当在孔子死后（前四七九年），死当在三家分晋前（前四〇三年）。《墨子》书中如《鲁问篇》说战国时事，《亲士篇》说吴起事，都是后人附加，不足为据。

墨子生在孔子后，当时宗族制度破坏更甚，多数宗族被消灭，极少数宗族化家为国。逐渐成为地主阶级的士阶层，在社会大变动中，获得政治参与权，可以上升为诸侯师、相。在士阶层下面的庶民，主要是墨子所称"农与工肆之人"，是一种小私有财产者，在社会大变动中，也要求取得一些政治上的地位，借以保护自己的经济利益。他们还没有反抗统治者的觉悟，只是要求

"饥者得食，寒者得衣，劳者得息"（《非命篇》），过着安居乐业的生活。墨子和他所创始的墨家，就是代表庶民用"上说下教"的妥协方法向统治阶级提出要求的一个学派。庶民是真正从事生产的广大劳动群众，国君贵族要进行战争，不得不对庶民在形式上有些让步，允许他们的代表人说说话，乐于利用他们的代表人仆役般地出死力，墨学因而与儒学同称为显学。

儒家最高理想是周公相成王。大儒做国君的卿相大夫，小儒给富人办丧事，自己家里人跟着去吃酒饭，过着寄生虫的生活。儒家利益与统治阶级完全一致，两者间妥协合作是很自然的。墨家与统治阶级利益并不一致，统治阶级为了要利用墨家，作暂时的勉强的有限度的让步，墨家对统治阶级则是忠实服务，竭尽心力，成为最驯服的仆役。墨家一方面对儒家猛烈攻击，企图夺取儒家政治上的地位。一方面视死如归地为国君贵族守城御敌，保卫他们的利益，以为这样做，可以取得信任，庶几行施自己的学说。事实却相反，墨家不曾得到卿相行道的机会，儒家虽受攻击，依然为国君贵族所尊重。

《墨子》书汉时有七十一篇，赵宋时存六十三篇，宋以后存五十三篇。墨家贵实行不贵文采，重口说不重著书，《墨子》书中仅《经上》《经下》两篇，共一百七十九条，当是墨子所自作。《墨经》每条少仅三个字，多不过二十个字。文字极简，但给当时有关社会和生产的重要知识，作了一个近乎全面的总结。《经说》上下两篇当是墨子讲经，弟子笔录。墨家分三派，同诵《墨经》，可信《墨经》出墨子手。《尚贤》、《尚同》、《兼爱》、《非攻》、《节用》、《节葬》、《天志》、《明鬼》、《非乐》、《非命》、《非儒》十一题各分上中下三篇（《非儒》仅上下两篇），字句小异，意旨大同，当是墨子讲学，弟子各有所记，合而成书，类似孔门后学纂辑《论语》。《尚贤》至《非命》十题是墨家政治理论，对昏乱的国君讲《尚贤》、《尚同》，对奢侈的国君讲《节用》、《节葬》，对自恃上天保佑、沉溺在酒和音乐中的国君讲《非乐》、《非命》，对放肆无忌惮的国君讲《天志》、《明鬼》，对残暴好战的国君讲《兼爱》、《非攻》。墨子制十个药方想治国君的病，但没有一个国君愿意用他的药方。《备城门》至《杂守》凡二十篇，是墨子为弟子禽滑釐讲守城法，在墨学中也是重要的部分。《亲士》、《三辩》、《大取》、《公输》等十四篇当是墨门后学所记，类似儒家大小《戴记》。今存《墨子》五十三篇，基本上保存了墨家的全部学说。

墨与儒两个学派的对立，显著地表现出士与庶民不同的社会地位。下面列举两家对立的情状：

墨家对儒家的攻击，集中在《非儒篇》。儒家主张"亲亲有术（等差），尊贤有等"，严格区别亲疏尊卑，巩固封建等级制度。墨家不反对等级，但反对儒家所说的等级，主张兼爱、节葬、尚贤、尚同。儒家主张有命在天，寿、夭、贫、富，安、危、治、乱都是不可改变的天命。

墨家反对宿命论,《天志》、《明鬼》、《非命》三篇说,天欲义(善政)而恶不义(乱政),鬼神赏贤而罚暴,命是暴王(亡国之君)所作,穷人(怠惰人)所述。儒家主张繁饰礼乐,教富贵人糜费财物,自己分肥得食。墨家反对不劳而食,主张节葬、非乐,斥儒者"贪于饮食,惰于作务"。儒家主张穿古衣,说古话,"循(述)而不作","仍旧贯,何必改作"。墨家反对保守,主张创造新事物。儒家主张不显谏,待国君问,问小答小,问大答大,不问不言。墨家反对庸言庸行,主张"事上竭忠,……有过则谏","务兴天下之利,除天下之害",强使国君行有利人民的政事。墨家攻击儒家,与荀子痛斥贱儒很多相同处,不同的是荀子痛斥七十子后学,墨家则直接攻击儒家创始人孔子。

孔子主张复西周之古,按照周礼所规定的等级分配生活资料,这自然是一种空想。墨子也承认贵贱的等级,以为天子、三公、诸侯、卿、大夫下至乡长、里长、家君(家长)各级正长,都是有智慧有威权能统一是非表率万民的贵人,万民则是贱者愚者。但墨子主张选择贤良为正长,并复大禹之古,要求各级贵人学大禹过着与万民同样勤劳菲薄的生活,放弃剥削的权利。这更是一种空想,永远不会得到统治阶级的采纳。"将求之不得也(不可求得),虽枯槁不舍也(死也要追求)"(《庄子·天下篇》),墨家就在这个空想的追求中幻灭了。

孔子尊天信命远鬼神,天子得祭天,庶人只许祭户神或灶神,祭鬼只许祭父母。墨子尊天非命信鬼神,主张人无贵贱,都有权祭天和众鬼神。天子代天治民,儒墨意见略同,可是儒家说天命既定之后,下民应该服从,不许怨天尤人。墨子以为上天鉴临下民,按照下民的利或害,随时对贵人行施公平的赏罚,绝无不变的命运。儒家信天命,所以鬼神不灵。墨家不信命,所以鬼神也能赐福降祸。儒家认庶民最贱。墨家以为官无常贵,民无终贱,臧获(奴隶)也是人,在上天看来,凡是人都应该兼相爱,交相利。儒家的天是静的,保护统治阶级利益的,表现上天意志的是命。墨家的天和鬼神是活的,似乎真有极大的权能,赏善罚恶,保护被统治阶级的利益。墨子把一切希望寄托在天和鬼神的赏罚上,《明鬼篇》引周、郑、燕、齐等国《春秋》,证明鬼神的实有,想借鬼神的威力,说服王公大人行善政,结果只能是麻痹庶民的反抗性。《天志篇》说"天子有善,天能赏之;天子有过,天能罚之",尧舜禹汤文武顺天意得天赏,证明"兼相爱,交相利"的可行,结果只能是教庶民片面的爱王公大人,利王公大人。墨家本身也就这样片面地爱、利了王公大人。孔墨都要求中国政治上的统一。孔子年代较早,周礼在诸侯国多少还有一些约束力,因此主张从周尊王,复兴周道,诸侯国各保现状。墨子时周天子已经完全失去政治上的作用,看不出谁是统一者,因此主张上同于天,楚越齐晋四大国各保现状，等待上天选择有德利民的国君为天子。孔子的空想政治，适合于士阶层，墨子则是庶民的空想政治。孔墨都多艺。孔子以射御为士阶层最次的艺。墨子重视生产知识，《墨经》中有形学、力学、光学的研究记录多条，特别是光学研究，论阴影，论反射，论光之直线进行性质，论平面镜，论球面镜，俨然是一部中国最早的完整的光学。墨子记录东周劳动群众在手工业方面的成就，他本人也是当时最优秀的手工业工人（主要是制造守城器械，据说技术比大匠人公输般还高），不象孔子轻视生产劳动，当作不足道的鄙事。孔子的艺适合于士阶层，墨子则是庶民的艺。孔墨都博学。孔子删订《六经》，教弟子诵《诗》《书》，习礼乐。墨子书中多引《书》、《诗》、《百国春秋》，墨子出行，车中载书甚多，但教弟子学"精微"的要义（《墨经》），懂得是非曲直，不必多读书。孔子的学适合于士阶层，墨学则是庶民的学。孔墨都贵辩说。孔子主张文质彬彬，以为"言之无文，行而不远"（《左传》襄公二十五年）。墨子用朴质的庶民语言，以达意为主，不加修饰，怕人爱其文，忘其用。孔子的文言适合于士阶层，墨子则是用庶民的质言。孔墨都讲逻辑学。孔子主张"正名"，就是以礼为标准来判断是非利害。墨子主张用"本"、"原"、"用"三表法。"本"是上考历史，"原"是下考百姓耳目所实见实闻，"用"是考察政令的实际效果是否对国家、百姓人民有实利。孔子的正名，适合于士阶层，墨子的三表法，目的在为庶民谋利益，比孔子以礼为正名标准的方法是较有进步意义的。儒墨都是显学，但统治者需要的是儒不是墨，因之孔子成为士的成功的代表人，墨子成为庶民的失败的代表人。

墨子的学说，流行在庶民群中。墨家如跌鼻、索卢参、田系、彭轻生、苦获等人，大概也象耕柱子一样，出身下层庶民。因为庶民要求得政治上的地位是困难的，所以墨子创立了带宗教色彩的政治性团体。墨子死后，巨子代代相传，类似教主，率领墨者作政治活动。墨家的团体有许多特点，表现出原始的组织性。

刻苦生活 墨子教弟子着短衣草鞋，昼夜工作不休息，以自愿吃苦为高尚。如果不能刻苦，就算违反大禹的遗教，不配称为墨者。

听从巨子 墨者尊巨子为圣人。巨子有命，墨者一定要听从，统治阶级的严罚厚赏，不能阻止墨者对巨子的听从。

舍命行道 墨子门下多勇士，弟子三百人（一说一百八十人），都能赴火蹈刃，死不回头。巨子孟胜守城战死，从死弟子一百八十五人。孟子说"墨子摩顶放踵，利天下为之"，就是说，只要对大众有利益，全身从头到脚被磨成粉末，墨子也愿意。这种勇敢牺牲的精神，当然很高贵，可是道路走错了，赴火蹈刃不是为大众而是为少数国君和贵族。

严守家法 巨子腹䵍（音吞 tūn）住在秦国，儿子杀

184

人，秦王说，"先生年老，只有一子，我已赦免他的死罪。"腹䵍说，"墨家有定法，杀人者处死，伤人者处刑，为的禁止人杀伤人。大王虽有好意，我不可不行墨子的定法。"腹䵍不听秦王的劝说，把儿子杀死。

实行教义　墨子弟子胜绰，被推荐到齐国做官。胜绰跟从主人作战很勇敢，墨子责备他违背《非攻》的理论，教他辞官回来。

分财互助　有余力余财的人应该扶助贫乏人。弟子做官得禄，一部分送墨子作费用。

墨家可说是古代劳苦群众最早的政治结社，其中缺少了一个最重要的东西——反抗性，因此客观上成为拥护统治阶级的政治结社。

由于时代的限制，墨家学说，不可免的有其落后甚至反动的一面，但主观上是为庶民利益着想的。秦汉统一以后，统治者把它看作危险的学说，彻底禁绝了，从此没有人再讲墨学（《汉书·艺文志》里秦汉无一墨学者）。墨家的政治活动是失败的，这给庶民们一个教训，就是反对统治者的压迫，除了对抗以至武装起义，不可能有其他方法。后世农民准备起义，往往秘密成立宗教色彩的团体，比当初墨家的结社是发展了。封建统治阶级能扑灭妥协性的墨家，但永远不能扑灭农民的起义反抗。

简 短 的 结 论

东周是初期封建社会发展并开始转化的重大时期，推动的力量主要是大小宗族间的兼并战争。

宗族是氏族残余与封建剥削相结合的一种制度。各种不同身分的人都隶属在宗子的权力下面，庶民生产所得，被宗子用赋税、徭役、共财等名义搜刮去了。庶民非常贫困，不可能改进他们的生产条件。只有在愈来愈剧烈的兼并战争中，大量宗族被破坏，庶民得以逐渐脱离宗族制度的束缚。

代宗族制度而起的是家族制度。宗族以宗子为首，土地永远归宗子世袭，不得买卖（《礼记·王制》所谓"田里不鬻"）。家族以父为首，父死后，兄弟分家，各人所有田宅，可以自由买卖。这是领主土地所有制转化为地主土地所有制，东周时期，正是这种转化的开始。

由于铁制农业工具的使用，生产力提高了。私人开垦荒地，即归私人所有，地主数量不断增加，促使宗族制度加速趋于崩溃。

由于生产工具的进步，宗族制度的破坏，大国疆土的扩大，以及居住中国境内非华族与华族的融合，东周末年，照《墨子》说，齐晋楚越四国各有人口数百万。人口增加与生产工具进步，加强了推动东周社会前进的力量。

东周社会发生巨大变动，各阶级、阶层都出现了杰出的代表人物，这些人的事业和著述，使得古代历史前所未有地丰富起来。领主中有齐桓公、晋文公，率领中原诸侯，保卫华夏文化，有楚庄王、越王勾践，开发长江流域，输入华夏文化。有管仲、子产，废除公田，改革旧税制，提倡工商业，开法家学派的先河。有孙武，著兵书十三篇，总结战争经验，成为不朽的军事经典。更杰出的伟大思想家则有孔子和墨子。新兴地主士阶层的代表孔子，删订六经，开门讲学，创儒家学派，建立起封建文化的主体。墨子代表劳动群众的政治要求，创墨家学派。墨家在东周末秦汉前领主统治没落，地主未取得完全统治权的空隙中，曾与儒家并存并显。秦汉地主政权确立，地主压倒了庶民，因之儒家独盛，墨家消灭。

东周时期文化上的重大创造，进一步发扬，便出现战国时期"诸子争鸣"的文化高潮。

第 五 章

兼并剧烈时期——战国

—— 前四〇三年—— 前二二一年

第一节 战国形势

东周兼并战争继续发展，以三家分晋为标志，进入战争剧烈的战国时期。形式上是七个大领主争城夺地，实际是一个已经成为阶级的新兴地主阶级以及与它血肉相联的大商贾和说客游士推动大领主们为建立地主政权而展开剧战。一百八十二年长期战争，基本上是地主政权的秦对领主地主混合政权的山东六国猛烈进攻，结果秦国胜利，出现了统一全国的封建地主皇朝——秦朝。

前四〇三年（周威烈王二十三年），晋国韩赵魏三家世卿立为诸侯，战国时期开始了。在东周时期政治上还发生一些天下大宗和共主作用的封建领主王朝——东周，到战国时期，完全失去了作用，它只是作为一个小国存在着（前二四九年秦灭周国），不再是代

表一个历史时期的王朝。

战国是七个独立的强国，各尽自己最大的力量相互间进行攻击或防御的战争。战胜国扩地，战败国削地，疆域常有变动。七国位置，西方秦国，东方齐国，南方楚国，北方燕国，中部韩赵魏三国，赵在北，韩近西，魏居中，韩魏最接近秦国，先受秦攻击。

一　秦　国

秦在东周时期，是个文化落后的国家。前三六一年，秦孝公立，下令求贤。卫国人法家公孙鞅(仕秦有功，封于商，号商鞅)应募入秦，得孝公信任，变旧法创立新法。秦从此成为七国中第一强国。早在战国初年，李悝(音亏kuī)在魏，吴起在楚，曾行新法，但为旧势力所阻。秦旧势力较小，因之商鞅变法得到成功。商鞅也就成为这一历史时期的代表人物。

前三五九年，商鞅第一次变法，要点如下：

(一)组织民户　重编户籍，五家为伍，十家为什。什伍内各家互相纠察，一家作奸犯法，别家必须告发，如不告发，连同受重罚。这是残酷的统治法，但在贵族领主役使下的大量农夫因此得直接作为国君的民户，是有进步意义的。

(二)加强劳动力　户主如有两个儿子，儿子到一定的年龄，必须分家各自独立谋生，否则加倍出赋税。

父子兄弟各立门户,可以加强生产中的自动性,防止一家人相互依赖,劳逸不均。分家之后,各自照顾自己;儿子借给父亲耕具,就觉得是个很大的恩惠;婆母不经儿媳的许可,使用簸箕扫帚,立即受到儿媳的责备;婆母儿媳间一不融洽,就会争吵起来。这种制度,对家族制度的父权起着限制作用。

（三）**奖励军功**　立军功的人,各按功劳大小受爵赏;私斗的人,各按犯罪轻重受刑罚。商鞅制定秦爵,分二十级,第一至第八为民爵,第九以上为官爵,农民立功得爵(战阵上斩敌人首一级,赐爵一级),受各种优待,有机会成为中小地主。

（四）**崇本（耕织）抑末（商贾手工业）**　奖励耕织,生产粟帛多,超过一般人产量的得免徭役。工商和游手贫民,连同妻子没入官府做奴婢。战国时东方各国所谓工商食官的手工业奴隶商业奴隶,虽然还被贵族领主所占有,但自由民身分的工商也已普遍存在和活跃。商鞅抑末政策,意在防止商贾高利贷者兼并土地,使秦民专力从耕织与战争中求富贵。同时,国君独占工商业,也可以增强国家的富力。文学游说之士,属于末一类,不许入秦。秦国富强而文化不及东方各国,这也是一个原因。法家一般也代表商贾（地主常兼作商贾)的利益,商鞅抑末是在秦国的特殊措施。

（五）**变领主为地主**　无军功的宗室（贵族领主),一概废除他们的名位,按军功从新规定尊卑**爵秩**等级,各依等级占有田宅臣妾（奴隶）。这是变法中最重要的一个措施，许多无军功的贵族领主因此失去了特权，变为民户中的富户。有军功的宗室，最高爵不过封侯（第十九级关内侯，第二十级彻侯）。侯仅收食邑内租税，不直接管理民事，也失去了原有的特权。领主制度的秦国从此变为地主制度的秦国。

这个巨大的改革，必然引起贵族领主的反抗。以秦太子为首，反抗者多至千数。商鞅说"法令不行，由于贵戚犯法，要行法先从太子开始"。因为太子是嗣君不便施刑，把太子的师傅公子虔（音钱qián）、公孙贾两个大贵族施了黥刑（面上刻黑字），第二天新法完全通行了。秦国行新法十年，秦民大悦，路不拾遗，山无盗贼，家给（不穷乏）人足，民勇于公战，怯于私斗，乡（农村）邑（城市）大治，秦成为第一大强国。

前三五〇年秦建都咸阳，筑冀阙，在阙上公布法令。商鞅又实行第二次变法，使秦国更进一步的地主政权化。

（一）归并各小都、乡邑、聚（村落）为大县。全国凡四十一县（《史记·六国表》和《商君列传》作三十一县），每县置一县令，掌管全县政事，消除领主政治的残余影响。

（二）开辟阡陌封疆（田间分疆界的土堆），承认各人新辟土地的所有权，按各人所占土地面积定赋税。阡是田间南北车路，陌是东西车路。战国时战争用步骑兵，兵车极少用，田间无须留宽广的车路。东方各国阡陌早已逐渐开辟为田地，商鞅开秦国阡陌，用意正相同，说井田废于商鞅，是腐儒的谬说。

（三）划一斗、桶（斛），权、衡，丈、尺。全国货物交易，有统一的度量衡制度。

秦 商 鞅 方 升

（四）禁止父子兄弟同室居住，革除残留的戎狄旧俗。

秦国地广人稀，邻近国三晋土狭民众，商鞅知道"民所欲者田宅也"（《商君书·徕（音赖 lài）民篇》），悬赏招徕邻国农民到秦国种地，给田宅，免兵役，使专力耕织。秦民服兵役，轮番出战，常有余力。秦国足食足兵，有战必胜。

商鞅两次变法，破坏了领主的宗族制度，也限制了

192

地主的家族制度，使秦国成为当时先进的富强无比的统一国家。消灭政治落后的山东六国，推行秦制建立封建大帝国的基础从此萌芽了。秦孝公死后，太子秦惠王即位，车裂商鞅，杀商鞅一家人，但商鞅新法，除了秦庄襄王用大商人吕不韦为相，停止对商贾和游士的排斥，其余大都相沿不变。

秦国孝公、商鞅在咸阳创地主政权，与周国文武周公在丰镐创领主政权，对历史同样是伟大的贡献。

前三八七年，秦伐蜀，取南郑。前三一六年，秦惠王使司马错灭蜀国（都城在四川成都市），徙秦民一万家到蜀地，后又灭巴国（都城在四川重庆市）。秦对当地居民似乎是保持着良好关系，如昭襄王与巴人盟誓说"秦犯夷输黄龙一只，夷犯秦输清酒一钟"（《华阳国志·巴志》）。意思是说秦罚重，夷罚轻，秦决不犯夷。秦得巴蜀广大土地和居民的助力，确如司马错说"取其地足以广国，得其财足以富民缮（补充）兵"（《战国策·秦策》）。

秦国疆域，北有上郡（陕西北部），南有巴蜀，东有黄河与函谷关（河南灵宝县）。地势险固，宜于守御又宜于出击，被称为天府雄国。

二　韩　国

韩东邻魏国，西当秦函谷关大路，两面受敌，连年被兵。前三七五年，韩哀侯灭郑，自平阳（山西临汾县）迁都到郑都新郑（河南新郑县）。后来又迁都阳翟。韩昭侯用法家申不害为相，行苛刻政治，国力暂时加强。申不害死，韩又被侵伐。韩国疆土北自成皋（河南荥阳县西北）过黄河到上党（治设山西长治县），南有陉山（在河南郾城县），东临洧水（源出河南密县，至新郑东南流入颍水）。山地多，平原少，物产贫乏，人口稀疏，七国中最为弱小。

三　魏　国

前四二四年，魏文侯即位。魏文侯学儒术，著书六篇，《汉书·艺文志》列在儒家。他尊敬田子方、段干木，重用西门豹、李悝（即李克，子夏弟子）、乐羊及大军事家吴起，在诸侯中最有声望。秦孝公变法以前，魏是一个最强的国家。魏国疆土：南有鸿沟（即汴河），与楚为邻；东有淮颍与宋齐为邻；函谷关内黄河西岸，自郑（陕西华县）西北过渭河，沿洛水（北洛河）东岸到上郡，筑长城与秦为邻（前三二八年，魏河西地全部入秦）；北有卷（河南新乡阳原一带）、酸枣（河南延津县），与赵为邻。魏地平原肥沃，人口稠密，无险可守，四面受敌。魏惠王因畏秦兵；前三四〇年，自安邑（山西安邑县）迁都大梁（河南开封市），与韩为近邻。

194

四 赵 国

建都邯郸（河北邯郸县）。西有黄河，南有漳河，与魏为界；东有清河（河北清河县西境），与齐为界；北有易水，与燕为界；又西北傍阴山筑长城，与匈奴、楼烦、林胡为界。赵武灵王胡服骑射，向北开拓疆土，巩固了北方边界。

五 燕 国

建都蓟（北京市），又有下都（河北易县）。燕君是西周初召公奭后裔，东周时期燕国弱小，常为山戎所攻掠。燕昭王招募贤士，得乐毅，出兵破齐，燕成北方强国。燕疆域东北有辽东与朝鲜为邻，北筑长城与东胡、林胡、楼烦为界，西有云中、九原，与赵为邻，南境筑长城与齐为界。燕离秦远，受战祸较缓，有余力开拓辽河流域，奠定了古代中国东北方的疆域。

六 齐 国

建都临淄（山东临淄县）。在西周东周，齐都是大国。前三八六年，世卿田和代姜姓为国君，齐更强盛。疆土南有泰山，与楚鲁宋（前二八六年齐灭宋）为邻；北

河北易县燕下都遗址外城南墙正面

燕下都遗址出土齧齪纹筒瓦

有渤海，隔海与燕为邻；西有清河，与赵为邻；东滨大海。齐国富兵强，与秦远隔，不受秦兵威胁。齐宣王招集天下文学士几百千人，给与优厚的待遇，让他们自由地讲学议论。这些人聚居在都城稷门（西门）外，当时号称稷下先生。宣王以后，养士风气继续保存，各种学派，大体汇集在齐国，临淄成为战国时期的文化城。稷下先生不同于贵族卿相门下的食客，对文化确有可贵的贡献。

七　楚　国

楚自西周以来，吞并小国最多。战国时期，楚农业落后，兵力不强，但常开拓国土。前三三四年，楚威王取越国浙江以西土地。楚威王又遣将军庄蹻（音敌qiāo）率兵入滇（云南），以滇池（云南昆明市）为中心，扩地数千里。（前二八〇年秦夺楚黔中郡，庄蹻归路阻绝，在滇建国，自称滇王。）楚国地大，北至中原，与韩、魏、宋、齐为邻；西有黔中（治设湖南沅陵县）、巫郡（治设四川巫山县），与巴及秦为邻；南有苍梧（湖南南部九疑山），与百粤为邻；东至海滨。在广大国境内，有苗族华族和许多其他小族，居民相互间交流文化，产生以巫文化融合华夏文化为基本的楚文化。各族也就在同一文化中大体融合了。楚国八百余年扩张经营，为秦汉创立伟大封建帝国准备了重要条件，七国中秦楚应是对历史

战国形势简图

198

贡献最大的两个国家。楚旧都郢，后迁都鄢（音若ruó 湖北宜城县），又迁都陈，前二四一年迁都寿春(安徽寿县)。

七国土地楚最大，秦赵次之，齐魏燕又次之，韩最小。人口楚魏最多。楚兵一百万，按五人出一兵约计，当有人口五百万。魏兵七十万，当有人口三四百万。秦兵六十万，赵兵四五十

湖南长沙出土楚国帛画(摹本)

万，秦赵两国当共有人口五六百万。齐全国七十余城，前二七九年，田单守即墨城，得壮士五千人，即墨全境合老弱妇女当有四五万人。如每城连乡村平均有一万户，每户平均五人，全国当有人口三四百万。韩兵三十万，燕与韩相似，两国当共有人口三百万，七国人口总数约计当在二千万左右。二千年前中国已有同族同文化如此庞大的人口，秦汉建立统一大帝国，这也是一个重要的条件。

第二节　经济情况

东周、战国的兼并战争，实质上是领主与新兴地主争夺政权的斗争。战国时期，地主阶级在秦国取得完全胜利，在山东六国也取得胜利，但还不能完全压倒领主。由于领主政权的破坏和削弱，剥削方式改变了，束缚在宗族里面的大量农奴，比东周后期更进一步获得了解脱的机会，农奴大体变为农民了。这是一个重大的变化，在这个变化下，战国社会呈现了前所未有的繁荣气象。

战国社会的繁荣气象，表现在下列各方面：

一　人口大增

《战国策·赵策》载赵奢（战国后期人）说"古代海内分为万国，城大不超过三百丈，人多不超过三千家。……现在一千丈的城，一万家的邑到处可以看到"。战国时大城市齐国都城临淄有户七万，韩国宜阳县城方八里，可驻兵十万，赵奢所说古代，不必拘泥在何时，说战国时一万家的中等城邑很常见是可信的。东周前期大夫采邑不过国都的三分之一、五分之一或九分之一，人口最多不过千室。诸侯国都三百雉（城墙长三丈，高一丈为一雉），三倍于大采邑，人口三千家，也是大采邑的三倍。前六六〇年，卫国被狄人攻破，卫国民人被俘或逃散，遗民仅得男女七百三十人，加上共（河南辉县）、滕（山东滕县）两地民众也只有五千人。经二十余年的休养生息，人口增加十倍。卫是与鲁并称、大而不强的诸侯国，人口如此稀少，其他国家相差当不会很多。人稀自然地旷，秦穆公袭郑，路遇郑商人弦高，才被发觉。杞国本在今河南杞县，后来迁到今山东昌乐县，又迁安丘县。郑宋边境，有大块空地，两国相约不许夺取。这都说明当时人力非常缺乏，土地荒废不能开垦。东周前期的情形很象赵奢所说的古代。东周后期人口已渐增加，战国时人口大增。丰富的人力与农业手工业工具和技术的改进相配合，生产力大大提高了。

二　铁制工具的广泛使用

东周时铁称恶金，只能用作农业工具。战国时铁的用途推广，农业工具如耜、铫（音姚 yáo）、镰、耨（音耨 nòu）、铚等，木工工具如斧、锯、钻、凿等，女工工具如刀、锥、针等，都用铁制造。农业手工业工具用铁而外，没有锋刃的战争用具也开始用铁，如铁甲、铁杖、铁殳等。某些地区又发明炼钢术。《禹贡》梁州（四川）贡品有铁、有镂，镂是可以刻镂器物的钢铁。据《吴越春秋·阖闾内传》所记，吴越是最先发明炼钢的地方。铸铁剑成功的人，在越有欧冶子，在吴有干将和干将妻莫邪（音爷 yé）。欧冶子干将是同学，都能铸宝剑。据说他们的老师曾因铸剑不成，夫妻二人投身冶炉中，剑才铸成。弟子们改用发爪投炉中，也铸成了剑。这里含有神话成分，剑师投身冶炉中，未必真实。当时的冶炼技术，不可能从生铁炼成钢，所谓铸，当是造青铜剑称铸，造铁剑也通称为铸，实际是在熟铁上加一些含炭的物质，经过淬（增加硬度）锻（挤出杂质）等工，造成铁刀剑。熟铁里加一点炭质可以成钢（含炭百分之一点七到百分之〇点二五，都是钢，含炭百分之一点七以上是生铁，含炭百分之〇点二五以下是熟铁），最早的炼钢术从无意中获得了。此后逐渐改善，并传到楚国。楚国宛地出钢铁，所制的矛很锐利。秦昭王曾夸奖楚国铁剑的锋利（长沙楚墓中已发见铁剑一柄，长约七七公分，宽约四公分）。韩国出宝剑最多，河南西平县有冶炉城，有棠谿村，都是韩国著名的铸剑处。西平有龙渊水，淬刀剑特别坚利，称为龙渊之剑。制青铜刀剑不须用水淬，要用水淬一定是钢铁。战国以来有一种髡刑，把罪人须发剃光。《韩非子·显学篇》说，婴儿不剃头要肚痛。罪人头面也许可用青铜刀硬刮，剃婴儿头应该用钢刀。东周时婴儿生三月才剪发，足见还没有剃刀。前二一一年（秦始皇三十六年）东郡地方，白天落

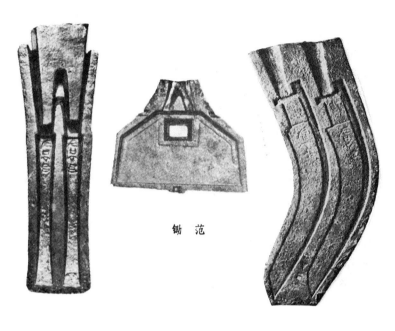

铡范

凿范

镰范

河北兴隆出土战国铁范

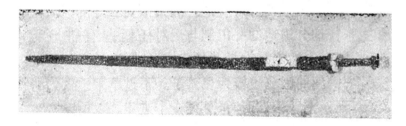

湖南长沙出土战国铜柄铁剑

下一块星石来,有人在石上刻"始皇帝死而地分"七个字。陨石含铁质,陨石上刻字,非好钢不可。秦始皇统一后,游行全国,到处刻石纪功,刻石工具也应是钢制。战国时某些地区已能制钢,无可置疑,不过铁还不能代替青铜在武器制造上的地位。《管子·地数篇》说,天下名山五千二百七十(此句据《史记·货殖列传正义》补),其中出铜的山四百六十七,出铁的山三千六百零九。这里所说山数未必真确,铁产量多于铜产量,铁用途广于铜用途,则是事实。又说,上有丹砂,下有黄金;上有慈石,下有铜;上有陵石,下有铅锡赤铜;上有赭石,下有铁。战国时期,已有这些采矿知识,足见矿业颇为发达。

三 农业进步

孟子反对当时最普遍的三件事,说好战的人该受头等刑,讲合纵连横的人该受二等刑,辟草莱(开辟草荒)任土地(无限制占有耕地)的人该受三等刑。从孟子主张行均分田地的井田制与反对任便占有耕地看来,战国时土地确是大量开垦出来了,同时地主与少地失地农民间的区分也极为显著了。不过草莱地变为耕稼地,无论土地为谁所有,总是一个进步。

东周已有牛耕,战国时似颇推广,这与地主富农从宗族制度中分化出来并逐渐发展是一致的。商鞅改长

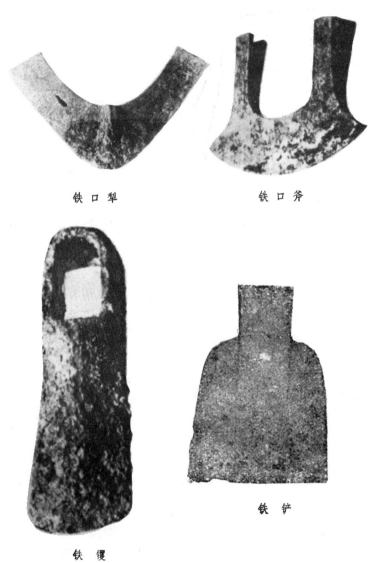

铁口犁　　　　　　铁口斧

铁镢

铁铲

河南辉县出土战国铁制生产工具

205

六寸四分（营造尺）的周尺为长七寸二分的秦尺。又改一百方步的周亩为二百四十方步的秦亩。田亩面积的扩大，用意在提倡牛耕，也就是奖励地主富农经济，因为地主富农才有养牛的财力。放大亩的面积，又可省去田间若干封疆田洫。商鞅第二次变法，开阡陌、改田制后，"初为赋"，当是按新亩制制订赋税法。山东六国仍用周亩，想见牛耕不象在秦国那样被提倡。《礼记·月令》季冬之月（十二月）"命农（《吕氏春秋》作司农）计耦耕事，修耒耜，具田器"，这又说明不论秦和山东六国的普通农民仍用耦耕法。

孟子说到深耕和粪田，荀子更屡言肥料的功用。荀子说多粪肥田，又说五谷一岁再获。《周礼·草人》分土壤为九类，用九种动物骨煮汁拌谷物种子，种在一定的土壤上，称为"粪种"。《周礼·薙氏》、《礼记·月令》季夏之月（六月），都说烧草取灰或沤草使腐用作肥料。深耕、施肥、粪种、一年再获，显然是战国时农业技术上的进步。孟子说省刑罚，薄税敛，农民才能深耕。《荀子·富国篇》说"民富自然田肥，田肥自然出产加倍；民贫自然田瘦，田瘦自然出产减半"。事实上遭受刑罚税敛的迫害，最严重的是普通农民，深耕肥田的只能是地主和富农。

古史称禹、益时起，即知利用河渠沟洫和井灌溉农田、园圃。东周时渐见正式记载，特别是楚相孙叔敖创建芍陂（在安徽寿县）灌田，规模最大。入战国后，灌田更被重视,《周礼·稻人》叙述灌溉法，想见战国时对水利的讲求。著名水利工程如魏文侯时西门豹、襄王时史起引漳水灌溉邺田，秦始皇初年，用韩国水工（水利专家）郑国创建郑国渠，灌田四万余顷。战国时治水有专门名家，能施行大规模的水利工程，是古代文化的一

战国宴乐射猎采桑纹
铜壶细部（摹绘）

河南辉县出土战国采桑纹
铜壶盖细部（摹绘）

个重大成就。东周时园圃种蔬菜已成专业。园圃用井水灌溉，先前是凿隧道通井中，人抱瓮入井汲水。战国用桔槔汲水，代替极拙劣的抱瓮灌溉法。

　　战国时期无疑是一个农业跃进的时期，基本原因在于战国时土地私人所有制已经确立，这在当时是进步的制度，因而对农业起着推动的作用。

四 手工业发达

东周时鲁齐两国手工业在各诸侯国中最为著称。战国时山东各国手工业更见发展。如《周礼·考工记》叙述木工分七部，金工分六部，皮革工分五部，设色工分五部，刮磨工分五部，陶工分两部。《考工记》文有残缺，但就现存文字看来，可以想见分工的细密及技术的讲究。《礼记·月令》季春之月（三月），命百工审查五库器材的质量，其中有金、铁、皮、革、筋、角、齿、羽、箭、干、脂、胶、丹、漆等物，这些正是金工、皮革工、设色工、刮磨工所用的原料。金（青铜）工造重要器物主要是造武器。《考工记》叙述制青铜法，分青铜为六种：第一种

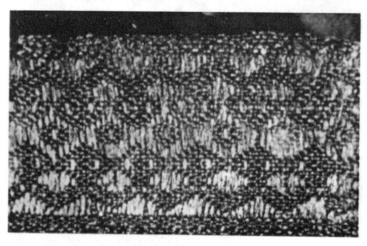

湖南长沙出土战国丝绦

铜五分锡一分，可造钟鼎，第二种铜四锡一可造斧斤，第三种铜三锡一可造戈戟，第四种铜二锡一可造刀剑，第五种铜三锡二可造削刀及田猎所用箭镞，第六种铜锡各半可造镜及燧（日光下取火的镜）。上述各工都是官府手工业，战国时战争规模巨大，一次战争双方兵士多至数十万或百万。官府制造大量兵器及军用品，需要很多的工人（工业奴隶）与很大的工作场所，民用器物不得不让民间百工自由制造，自由交易。东周后期本已存在着"百工居肆"、"工肆之人"的民间手工业者，到战国愈益发达起来。孟子说农与百工间纷纷交易，相互依赖，不可或缺，特别是陶工、冶铁工、木工、车工对农业生产的关系更是密切。民间百工一般是小规模制造，制成物品后，即在肆（摊）上出卖，小手工业者兼作小商人。战国时铁耕盛行，冶铁业中出现大富豪。如邯郸郭纵，富敌国王；赵国卓氏，冶铁致富；魏国孔氏、鲁国丙氏冶铁起家，致富巨万。冶铁成为民间手工业的最重要部门，其经济上地位超过官府手工业的金工部门。

五　商业兴盛

东周时期有官府商业与私人商业的区别。范蠡、端木赐是著名的大商人。战国时，私人商业更盛。大盐商猗顿富比王公，名驰天下。周人白圭讲致富术，要旨在于掌握时机，精确运用"人弃我取，人取我与"（《史记·货殖列传》）的法则，白圭被尊为商贾的祖师。战国时大都邑如齐都临淄、赵都邯郸、以及大梁（开封）、洛阳都是著名大商业城市。中等都邑有市，称为"有市之邑"，如韩国的上党，其中七十邑有市。小邑也多有小市。《周易·系辞》所谓"日中做市，招集天下的人民，聚会天下的货物，交易而退，各得其所"，就是指这种赶集式的小市。《韩非子·亡征篇》说"商贾的钱财存放国外，可以亡国"，足见商业中更重要的是私人商业。战国时自由买卖的土地私有制已经确立，大量农民因土地被兼并失去本业或不胜地主商人的剥削，自愿放弃本业，群向工商业求生计，所谓"从贫求富，农不如工，工不如商"（《史记·货殖列传》），所谓"耕田之利

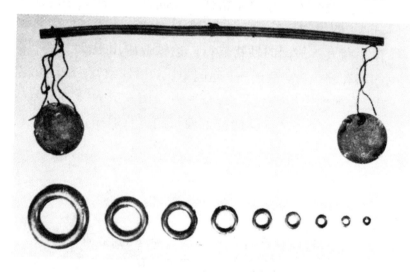

湖南长沙出土战国天平

十倍,珠玉(经商)之利百倍"(《战国策·秦策》),都说明经商致富为当时一般人所愿望和追求的。周国人风俗,不爱做官吏,专心做工商,求十分之二的利息。鲁国人喜欢讲儒学,后来风俗改变,经商谋利比周人更迫切。周鲁人如此,别国人也未必不如此。商鞅重农抑商政策,不仅不能行施于山东六国,即在秦国也不能遏阻重商的趋势,到战国末年,大商人吕不韦终于参加了秦国的政权。

《荀子·王制篇》形容当时货物流通的情形说,北方的走马大狗,南方的羽毛象牙犀皮颜料,东方的海鱼海盐,西方的皮革毛织品牦牛尾,中国市场上都能买到。住在泽地的人可以得到木材,住在山地的人可以得到水产,农民不动刀斧不陶不冶可以得到器械,工商不耕不种可以得到粮食。荀子看到通商的重要,主张"四海之内若一家"(《王制篇》),中外交易,互相救助,都可以得到安乐。战国商业的发达,给学术上的大一统思想以影响,也给秦汉统一并向外扩展提供了一个相当重要的条件。但这里必须注意,自战国以后长期封建社会里,商业虽在逐步的发展,对整个封建经济却并不起决定的作用。企图用所谓"商业资本主义"来曲解历史,是必须予以驳斥的。

《禹贡》扬州荆州贡物有金三品,即金、银、铜三种。墨子弟子耕柱到楚国做官,得十金送墨子。楚王答张仪说,楚国出产黄金珠玑犀象。黄金白银用作贵重货币，当从东周后期楚国开始，至战国随着商业的发达，黄金成为通行的货币。现存古货币有"郢爰"，形似小饼，称为饼子金或饼金。饼金有黄金饼，也有银饼。北方别有称镒的黄金货币。金银币以外，又有铜币，分贝形、刀形、钱（耕器）形、圆形四种。铜币轻重不等，铸钱地区也极纷杂，想见当时商贾可以私铸，官府并不禁止。商贾获得铸钱权，又增加了一个牟利致富的大门径。

战国比东周生产力有更大的发展，因而社会各阶级也有更多的变化。

一 统 治 阶 级

领主 秦相自商鞅后，有公孙衍、张仪、甘茂、樗里子、魏冉、范睢、蔡泽以至吕不韦、李斯等人。除了樗里子是秦宗室，其余全是异姓客卿，这说明秦国贵族领主失去了政治上特权。山东诸国有异姓客卿也有贵戚之卿。国王有大事，得和贵戚之卿商量，有大过不听谏，贵戚之卿有权废国王。山东大领主如齐国孟尝君田文，私招天下侠客游民六万余家到自己的封邑薛，齐王不敢干涉。赵国平原君赵胜，家有大量土地，管事人多至九人，不肯出田租给赵王。韩非子说，士卒依靠权势人家，逃避徭役，人数上万。这说明六国残留着领主势力，政治和经济都落后于秦国。

地主 韩非子说赵襄子时候（春秋末期），住宅园圃已经自由买卖。战国时土地所有权的取得，主要是用买卖的形式，有钱的人就可以享受地主的乐趣。苏秦说，"我如果有洛阳负郭（近城市）田二顷，我还会出门求富贵挂六国相印么！"二顷田的地主就什么都不想干了，地主生活的优裕可以想见。地主阶级中有将相官吏拥有田宅的地主，如赵将赵括得钱就买田宅，秦将王翦请秦王赐田宅，留给子孙做产业；有地主兼营商业，如有枣树一千株，栗树一千株，漆树一千亩，桑麻一千亩等所谓素封的地主；有农民上升的地主，如《吕氏春秋·孝行览》、《淮南子·人间训》所说，孔子的马吃路旁禾稼，被耕者扣留。马夫对耕者说，你耕地东到东海，西到西海，我的马怎能不吃你的禾稼呢？耕者大喜，把马送还。这个故事说明有的农民可能上升为地主。地主阶级在朝廷上有参与政治权，在农村中有各种享受。荀子说，乡间轻薄子服装美丽，态度妖冶，专门引诱妇女，这就是地主富农家子弟享受的一种。地主阶级的兴起，对破坏领主制度说来，是一种进步，但土地在买卖形式的兼并下，农民失去耕地也愈益加剧。

士 士，除了代表农与工肆之人的墨家，大都是地主阶级参加政治活动的代表。春秋时期诸侯卿大夫养士的风气已经开始，到战国，山东各国国王将相争着养士，士成为社会上最活跃的一种人。

宗族制度破坏后，国王和贵族势力削弱了，他们迫切需要大量拥护者，不得不向地主阶级的士求助。战国初年，魏太子击（武侯）路遇文侯的老师田子方，太子赶快下车拜谒，子方昂然不答礼。太子问，"富贵该骄傲，还是贫贱该骄傲？"子方说，"自然贫贱该骄傲。诸侯骄傲要失国，大夫骄傲要失官。贫贱的士主张不合，议论不用，立即跑到别国去，好比丢掉一只草鞋子，你怎么拿富贵来比贫贱！"（《史记·魏世家》）田子方这些话，说明领主依赖士来巩固统治地位，士也依赖领主来取得富贵，双方有密切的关系。

领主地位愈来愈危殆，养士风气也愈来愈盛行。战国末年领主卑躬屈节招天下士，惟恐士不来附己。当时著名养客的贵族有孟尝君、平原君与魏国信陵君魏无忌，楚国春申君黄歇。四人养士各在三千人以上。孟尝君与宾客吃同样的饭，并赠送礼物给宾客的亲戚。平原君散家中财物供养宾客。信陵君待士更谦恭，搜求隐士无所不到，在四人中声誉最高。春申君门下上等客都著珠履。别一著名养客者燕太子丹，要讨刺客荆轲的喜欢，尊荆轲为上卿。最好的房舍，最好的饮食和车马，都送给荆轲享用。太子丹还天天到荆轲那里问安，惟恐荆轲不满意。太子丹把燕国的命运寄托在可耻的刺客身上，是养客者中间最下等的一个。这些领主们，尽量吸取劳动群众的血汗，来求得士的满意，企图得到士的助力，维持自己的地位，这正好说明领主统治已经走到了末路。

士大体分为四类：一类是学士，如儒、墨、道、名、法、农等专门家，著书立说，反映当时社会各阶级的思想，提出各种政治主张，在文化上有巨大贡献。这一类人声名大，待遇优，如儒家大师孟子，后车数十乘，侍从数百人，往来各国间，凭他的声名，所到国家，国君们都得馈赠黄金，供给衣食，听取孟子的议论。一类是策士，即所谓纵横家。这一类人长于政论，富有才能，凭口舌辩说，得大官取富贵。《战国策》专记载策士的议论，苏秦张仪是他们的代表人物。一类是方士或术士，这一类人可分两等，一等是天文、历算、地理、医药、农业、技艺等学科的专门家，在文化上也有巨大的贡献；一等是阴阳、卜筮、占梦、神仙、房中术等骗取衣食的游客。最下一类是食客，这一类人数量最大，流品最杂，其中包括鸡鸣、狗盗、任侠（恶霸）、奸人、罪犯、赌徒、屠夫、刺客等等无赖凶人，通过贵族将相来吸食劳动人民的血汗。田文曾路过赵国，赵人闻名，聚立路旁看他，笑道"原来只是一个短小男子"。田文发怒，他的食客下车斩杀观众数百人，索性把一县人都杀死才走路。后来田文失位，食客都跑散了，田文复位，食客又回来。所谓食客，就是这样野蛮的贵族走狗。四类士身分不同，他们活动的目的基本上都是为了巩固统治者的地位。

大商贾　战国时富商大贾与士一样，也成为社会上最活跃的一种人。孟子主张对工商业什一而税，去关市之征。他的主张没有一个国君能采用。他斥大商贾为贱丈夫，但贱丈夫仍为王公贵族所尊重。大商贾可分为三类：一类是作政治活动的商贾，吕不韦是这一类人的显著代表。一类是兼营农业畜牧业的商贾。一类是兼营大手工业的商贾，《史记·货殖列传》所举巨富，多属这一类。大商贾所使用的人，一种是伙计，如洛阳贫民到富商家学商业，替富商贸易，走遍天下各都市，更多的一种，是大商贾凭借财势，用高利贷、价买、掳掠等方式，压迫穷人作奴隶，从事商业、农业、手工业劳动，因之大商贾实际是封建社会里存在着的奴隶主，是最落后的一个阶层。秦始皇初年，吕不韦为秦相国，封河南洛阳十万户。吕不韦在政治上得势后，表现出大商贾发展的方向。吕不韦并不满足于十万户的封建性租税，他占有奴隶一万人，驱使他们从事各种劳动，垄断洛阳工商业。

战国时期的统治阶级，是由衰落的领主阶级和新起的地主阶级（包括士和大商贾）构成的。

二 被统治阶级

农民 农民是人口中占最大数量、生产中占主要地位的一个大阶级。孟子说"无君子（统治者）莫治野人（农民），无野人莫养君子"。又说"劳心者治人，劳力者治于人；治于人者食人，治人者食于人"(《孟子·滕文公篇》)。孟子造出农民应该受治的理论，正好说明统治阶级只有依靠农民才能得到生存。荀子主张"省（减少）工贾，众（加增）农夫"(《荀子·君道篇》)，以为"工商众则国贫"(《富国篇》)，加增农业生产者是国富的根本，这也说明农民是主要生产者。战国初，魏文侯用李悝行"尽地力之教"。所谓尽地力之教，就是辟草莱，任土地，允许土地自由兼并。李悝又创立一种平籴法来减轻兼并对农民的迫害。这个方法是国家遇丰年，平价买入农家余粟，凶年则平价卖出积粟，使农民得继续生产免于流亡。照李悝的计算，农夫一家五口，耕田百亩，平均每亩收一石半（约合今三斗），得粟一百五十石。除十分之一的租税十五石，余一百三十五石。一人每月平均食一石半，五人一年共食九十石。余四十五石，每石卖钱三十，得钱一千三百五十。除祭祀、赛会用钱三百，余钱一千零五十，每人衣服用钱三百，五人共一千五百，不足四百五十。（加上妇女纺织，全家收入大体相抵。）如遇天灾和疾病、丧葬、临时赋敛等意外费用，便入不敷出。事实上，公田制废弃后，农民不是都有田百亩，少地农民生活自然更穷困，有百亩田的农民，负担也极沉重，很难出入相抵，李悝平籴法多少起着保护农民的作用，是有进步意义的一种措施，因为比商人地主任意操纵，到底是好一些。

上述农民生活情况，各国大体相似。商人、地主乘

河南信阳出土战国木俑

农民困急，放高利贷，因而取得粟米、土地与奴婢。弱赖对秦王说，商人不耕作，却有积粟，是有其实而无其名；农夫终年劳苦，家无积粟，是有其名而无其实。可见农民的收获物、田宅与一家人，都是商人、地主榨取的对象。

农民遭受残酷的剥削，竭力求谋生存：有的节衣缩食，生活费用减到最低程度；有的放弃本业，转入工商业；有的离乡背井，散至四方谋生。一般失去耕地的农民，有的在商店当佣工，有的为人灌园，有的充当雇农。韩非子说雇农出卖劳力替人耕作，主人给他衣食工钱，希望他耕得深，耘得快。流浪到都市上，充当临时雇工的，人数也不少。如荀子说，雇市上佣工打仗；韩非子说，雇佣工开沟渠。农民用这些方法都不能维持生活时，有的只得饿死在沟壑里，有的只得卖身为奴隶。

有了农民阶级，自然要分化出富农、中农、贫农、雇农等各个阶层。但在资本主义社会出现以前，它们都是封建主义性质的，决不能说封建社会的农民阶级已经存在着农村资产阶级、小资产阶级、半无产阶级和无产阶级了。因为农民阶级本身并无发展的前途，在封建社会里，农民只能希望自己变成地主，在资本主义社会里，才能希望自己变成资本家，富农也就成为农村资产阶级。同样，在工人阶级领导的社会里，除了富农，农民也可以变成工人阶级。由于农民阶级的特性，所以无须怀疑封建社会里是否存在着富农。

魏国有温囿（果园或菜园），每年收租八十金，后来租给西周君，年租一百二十金。小国君可以向大国租园子，农民向地主租耕地，自然更是常事。孟子荀子都说，一个农夫应该有五亩宅地，百亩耕地。孟子又说"明君制民之产，必使仰足以事父母，俯足以畜妻子……；今也制民之产，仰不足以事父母，俯不足以畜妻子……"（《孟子·梁惠王篇》）。农民失去耕地或耕地不满百亩，不能养活一家人，是当时普遍的现象，所以孟子主张行井田制度，给农民一百亩恒产，使束缚在土地上"死徙无出乡"（《滕文公篇》），这样，封建统治才能巩固。

工商 战国时民间小工商业比东周更见发达，在山东各国，当有相当大的人口从事小工商业。这种人自己制造器物，自己设肆出卖，如韩非子所说，车匠希望人富贵，棺匠希望人死丧。韩非子又说，工匠造恶劣器械，骗农民的钱。荀子主张禁止工匠在家里制造器

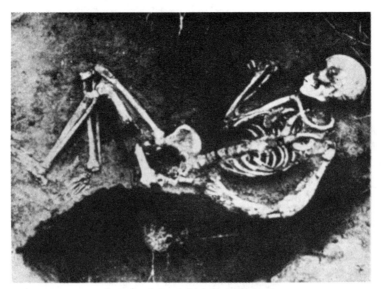

山西侯马战国墓殉葬的女奴隶

女 奴 的 铁 颈 锁

具。这都说明自由经营的小工商业，在生产上有重要的地位，他们是农民生产的主要配合者。

奴隶 奴隶也有相当数量，来源是俘虏、罪人和贫民。《周礼》质人掌管市上买卖货物的契券，所谓货物，指人民、牛马、兵器、珍异。人民当作一种货物来买卖，自然是奴隶或农奴。《周礼》司厉掌管惩治盗贼，罚盗贼为奴，称为罪隶。《礼记·曲礼》有献民虏礼，民虏就是奴隶。官府和富贵人家用奴隶供役使，但多数用在手工业生产上。官府手工业的大官称工师，管理百工，督促手工业奴隶工作的人称监工。孟冬月（十月）国君考验制成的器物，器物上刻有工人姓名，如制作不良，要追究治罪。季秋月（九月）百工停工一月，其余不得休息。官府手工业造贵族用和军用器物，对人民生活没有益处。大商贾利用奴隶劳动，经营采矿冶铁等业，这种奴隶劳动，对农民和小工商业者起了配合的作用。《韩非子·喻老篇》说"好年景，臧获（奴隶）耕种的田也能丰收"，足见奴隶也用在农业上，不过耕种得不好。

战国时，构成封建社会的阶级，主要的不是领主和农奴而是地主与农民了，但山东各国的领主在政治上仍占统治地位。秦与六国间进行长期的激烈战争，说明完全地主政权与半地主半领主政权间的斗争是当时主要的斗争。地主与农民间的阶级斗争，在这种情势下还不到激化的程度。秦统一全国后，地主成为农民面前唯一的大敌对阶级，从陈胜吴广开始，历史上不断地发生农民反抗地主压迫的大小起义。

第三节 七国兴亡

商鞅相秦孝公变法，变落后国为先进国。商鞅定策，先击败魏国，逼魏东迁。秦据黄河、函谷的天险，可以出兵攻击山东诸国，完成帝王统一的大事业。从秦孝公到秦始皇，都是为达到这个目的而进行战争。

魏在秦孝公以前，是天下最强的国家。魏都安邑，逼近秦国，商鞅认定魏是秦的心腹病，非魏灭秦，即秦灭魏。前三四〇年商鞅大破魏军，魏惠王弃安邑迁都大梁。前三三二年（秦惠文王六年），魏献阴晋（陕西华阴县）。前三三一年，秦大败魏兵，斩首八万，次年魏献黄河西岸地求和。前三二九年，秦兵渡河取魏汾阴（山西荣河县北）皮氏（山西河津县西）。前三二八年，魏献上郡十五县。秦既得河西全部魏地，黄河天险，在秦掌握。从此秦不断攻夺河东魏赵土地，主力则出函谷关攻击韩国。

正当秦魏两大国连年战争的时候，山东诸国害怕起来，不知怎样来抵御秦国。策士洛阳人苏秦创合纵说。前三三四年，苏秦见燕文侯说合纵的利益，文侯送他车马金帛，去联合各国。赵、韩、魏、齐、楚都听从，赵王做纵长，苏秦一人佩六国相印。所谓合纵，就是从燕到楚，南北合成一条直线，共同反对西方的秦国。苏秦合纵的规约是：

秦攻楚——齐魏出兵援救，韩断秦粮道，赵燕作声援。秦攻韩魏——楚攻秦军后路，齐出兵助楚，赵燕作声援。秦攻齐——楚攻秦军后路，韩守成皋，魏阻秦道路，燕出兵救齐，赵作声援。秦攻燕——赵守常山（河北正定县），楚屯武关（陕西商县东），齐渡渤海援燕，韩魏出兵援救。秦攻赵——韩守宜阳，楚屯武关，魏屯黄河南岸，齐渡清河，燕出兵援赵。苏秦这个计划，对秦国是不利的，因为山东六国土地比秦大五倍，兵力大十倍，如果六国坚持合纵，秦的统一战争将遭受极大的阻碍。不过六国相互间存在着矛盾，都想乘机从与国方面得些便宜，纵约极不稳固。苏秦的合纵前后只有三年便解散了。后来几次合纵也不曾阻止秦兵的进攻。

秦国破坏合纵的方法叫做连横，就是结合山东任何一国，连成一条横线，攻击其他各国。《韩非子·五蠹篇》说"纵者，合众弱（山东六国）以攻一强（秦）也；而衡（横）者，事（投降）一强以攻众弱也"。战国策士奔走游说，议论风生，归根只是纵与横两种主张。七国间此战彼和，变化无常，归根也只是纵与横两种活动。秦昭王时，范睢为相，定"远交近攻"策，连横愈益得势，合纵愈不易成，但秦仍怕山东合纵，直到战国末年，胜败已定，还是怕纵的合成，所以秦始终坚持连横，用山东策士为相，执行这个国策。

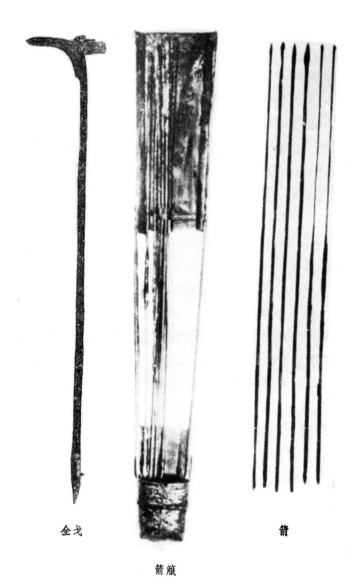

全戈　　　　　　　　　　　　　　　　箭

箭箙

湖南长沙出土的战国兵器

224

当苏秦在山东合纵，秦用魏人张仪为相，进行连横。前三一八年，六国第一次合纵出兵攻秦，推楚怀王为纵长。秦出兵函谷关击破韩军，六国退走。前三一七年，韩、赵、魏、燕、齐五国连同匈奴共攻秦，秦大败韩赵军，斩首八万二千，韩赵引外族兵助内战，结果是遭受可耻的大败。前三一六年，秦灭蜀，后又灭巴，愈益富强。前三〇七年，秦取韩宜阳，斩首六万。宜阳是韩国大都邑，宜阳入秦，行军更便利。秦又渡河筑武遂城。韩君先世坟墓在平阳（山西临汾县西南），武遂离平阳七十里，韩君被胁不敢反秦。前二九三年，秦大将白起大破韩魏兵于伊阙（河南洛阳县龙门山），斩首二十四万。此后韩魏兵力大衰，献地求和，不敢抗秦，秦主力南向击楚。

楚怀王与齐湣王相约彼此互救，秦派遣张仪见楚怀王，劝楚与齐绝交，秦愿送还商於（河南省淅川内乡一带）地六百里。楚怀王大喜，与齐绝交，请张仪为楚相，派人跟张仪到秦受地。张仪说，我只说六里，不曾说过六百里。楚怀王怒，前三一二年，发兵攻秦，大败，死甲士八万，失汉中郡。楚怀王大怒，发全国兵攻秦，又大败。前二九九年，楚怀王受秦欺，被秦俘获。楚丧地破军，国力衰落。秦在伊阙大胜后，移主力图楚。前二八〇年，秦攻楚，取楚上庸（湖北房县均县等地）及汉水北岸等地。前二七八年，白起攻破楚都郢，楚兵败散，楚襄王逃到陈（河南淮阳县）躲避。前二七七年，秦

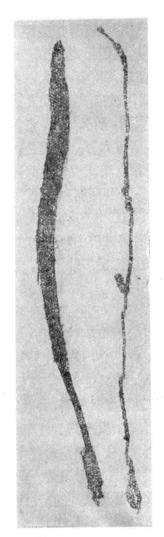

漆　弓

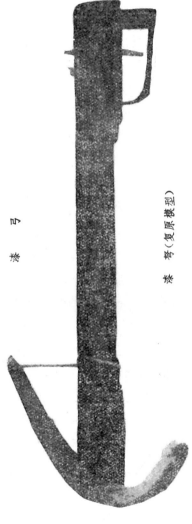

漆　弩（复原模型）

湖南长沙出土的战国兵器

又夺楚巫郡、黔中郡，楚国兵号称百万，此时仅有兵十余万，衰弱不能再振。

楚既破败，秦移主力攻北方强国赵。前二七〇年，秦兵攻赵，被赵大将赵奢大破于阏与（阏音玉 yù 河北武安县西），这是秦很少遇到的一次大挫折。此后秦兵力暂时转向韩国，夺取韩地。前二六二年，白起取韩野王（河南沁阳县），隔断上党。上党降赵。前二六〇年，秦攻上党，赵大将廉颇驻军长平（山西高平县）筑壁垒坚守，秦兵挑战，廉颇持重不应。秦派间谍送赵权臣黄金千斤，对赵王说，秦最怕赵奢的儿子赵括做将军，廉颇容易对付，而且快要投秦了。赵括善于谈兵法，赵奢还谈不过他，但是赵奢知道他将来一定要坏事。赵王中秦反间计，果然令赵括代廉颇为主将。秦听说赵用赵括为将，秘密使白起为上将军。赵括出兵击秦军，秦军诈败退走，赵括乘胜进击，直到秦壁下。秦据壁坚拒，吸引赵兵在壁下，出奇兵断赵军后路。赵兵受困，临时筑垒坚守，等待援救。秦昭王听得赵粮道已断，亲到河北，征发十五岁以上的男子，悉数送长平，阻绝赵救兵及粮食。赵兵饥饿四十六日，杀人而食。赵括分兵四队，轮流攻秦垒，不能破，赵括自率精兵猛攻，被秦兵射死。赵军失主将，投降秦军，凡四十余万人。白起怕赵兵寻机会反抗，把四十余万人一起在长平坑死。这是战国时期最大的也是最残酷的一个大战争，赵兵前后死亡四十五万人，秦兵也死去大半。兵法空谈家赵括凭他的空谈就断送了四十余万人的生命。前二五八年，秦围赵都邯郸已一年余，魏公子信陵君及楚军救赵，击破秦军，邯郸才得保全。

长平大战后，秦连年攻韩魏赵三国。前二三○年（秦始皇十七年）秦灭韩。前二二八年秦灭赵。前二二五年秦灭魏。前二二三年秦灭楚。前二二二年秦灭燕。前二二一年秦灭齐。山东六国全部灭亡，中国开始成为统一的大帝国。

第四节　秦统一的原因

秦灭山东六国，建立中央集权的一统大帝国，在中国历史上是一个划时代的伟大事件。毛泽东同志在《中国革命和中国共产党》里指出，"如果说，秦以前的一个时代是诸侯割据称雄的封建国家，那末，自秦始皇统一中国以后，就建立了专制主义的中央集权的封建国家；同时，在某种程度上仍旧保留着封建割据的状态。"[1] 这样简要深刻的语句，把周秦以下三千年封建国家的本质完全刻画出来了。由于宗族制度的崩溃，被残酷地束缚着的农奴从大小宗族中得到解脱，成为比较自由一些的广大农民阶级，这个阶级受尽战争的痛

—————————

[1]　《毛泽东选集》第二卷第五八七页。

苦，是反对割据，要求统一的。由于家族制度的兴起，地主比起领主来，数量大大增加了，力量却大大分散了。地主阶级的豪强，在某种程度是实行割据的，但不遇特殊的时机，要象领主那样割据称雄，也是困难的。地主阶级面对着这个巨大的农民阶级，既不能恢复宗族制度分而治之，那末，建立起一个专制主义的中央集权的统治机构，是完全合于需要了。农民阶级要求统一，地主阶级在一般情况下，也要求统一，再加上当时社会已经存在着许多有利于统一的因素，这就只剩下一个谁来统一的问题。秦拥有各种优势，代表地主阶级向领主残余势力进攻，客观上相当地符合于农民阶级的要求，主观上则是满足了地主阶级的愿望，秦帝国就在这种情势下出现了。

秦国僻在西方，文化落在东方诸侯国的后面，但也在逐步前进。前三八四年（秦献公元年）开始废用人殉葬制；前三七八年（七年），开始有市；前三七五年（十年），开始有户籍。秦孝公时，商鞅变法，制订许多法令，建立起新兴地主阶级的政权。前三三六年（秦惠文王二年）开始用钱。落后的秦国，入战国后，一变而成先进的国家。

正因为秦国的腐化势力比较薄弱，所以新的制度得以实施。荀子曾到过秦国，在《疆国篇》里夸奖秦国民俗的朴素，官吏的忠实，大官的守法，朝廷的清静，认为是最好的政治。秦国军制，荀子也认为比别国好。

《议兵篇》说，齐国讲求勇力技击，斩敌首一级，赏金一锱（音资zī，一两二十四铢，六铢为一锱），这种军队只能"事小敌"，遇上大敌就离散崩溃了，这是"亡国之兵"。魏国的武卒，是按照严格的标准选拔来的。被挑选上的人可以免户赋徭役，这样一来，军队辗转增加，"地虽大，其税必寡"，这是"危国之兵"。秦国以军功升进，不管他是什么人，打胜仗的有赏，打败仗的有罚，所以人人奋勇，求得军功。齐国的技击，不能碰上魏国的武卒，魏国的武卒，不能碰上秦国的锐士，一碰上，就象以卵击石了。足见秦在政治上、军事上都占有优势。

前二四六年，即秦始皇即位的时候，秦地有巴、蜀、汉中、宛、郢、上郡、河东（山西西南部）、太原、上党等郡。函谷关外有荥阳及周国旧地。单就疆土形势来说，秦对山东占有优势。

关中地本肥沃，郑国渠造成后，溉田四万余顷，农产更加丰富。秦昭王时，蜀郡太守李冰造都江堰，开辟稻田，大兴水利，蜀地沃野千里，无水旱灾，富饶无比。秦拥有两个大农业区，再加上巴、蜀出铜铁木材，西北戎狄地区出牛马，资源丰足，能够支持连年不断的战争。《史记·货殖列传》说"关中土地约占天下三分之一，人口不过十分之三，财富却占十分之六"。这种估计，未必确实，但经济力量，秦确占优势。

秦自商鞅变法以来，奖励力耕力战，造成与山东诸国不同的民俗。秦始皇以前，秦国夺得重要都邑，往往

都 江 堰 鱼 嘴

驱出原来居民或令秦民迁往杂居。如前三二五年，取陕，放还陕民给魏国。前二八六年，魏献安邑，秦出其居民，募秦民并赦免罪人迁徙安邑。前二八二年，取赵二城，前二七九年，取楚鄢、邓，都赦免罪人迁居新地。前二七三年，立南阳郡，释免奴隶去居住。这大概是防止山东腐化生活传染秦民的缘故。同时，山东游士也反对秦国习俗，如鲁仲连愿跳东海寻死，不愿做秦民。秦始皇时，改变了这种办法，秦民与非秦民的差别，虽然还是存在，不过没有以前那样严格了。大抵秦国民俗，比山东朴素勇武，这也是秦的一种优势。

商鞅代表地主阶级的利益，建立单纯的地主政权。

不过，地主阶级没有结合士与大商贾，力量还不能说是完整。秦始皇改变旧习惯，尊崇大畜牧主乌氏倮（音裸luǒ），位比封君（地位和侯爵一样），优待大丹砂商寡妇清，"礼抗万乘"（国王用客礼相待）。又用大商贾吕不韦为秦相国。吕不韦养学士、食客三千人。这样，山东游士和大商贾，不再反对秦的统一战争了。秦国地主政权的加强和影响的扩大，又是一种优势。

秦比山东六国有上述多种优势，但在全中国范围内，如果还没有统一的条件，秦统一仍是不可能的。当时形势，却已具备了促成全国统一的下列条件：

水陆交通　陆路用车，西周时期以宗周为中心，通达四方各国。东周时又有海上内河两种水上交通，战国时更为发达。特别是内河交通，照《禹贡》所说，贡道（商路）以黄河为干路，联络各水，全国九州都可通达。《史记·河渠书》所说内河交通，自荥阳引黄河水南流为鸿沟，与济、汝、淮、泗四水相会，中原地区宋、郑、陈、蔡、曹、卫等地水上都可以交通。楚地西部有汉水；东部有邗沟，贯通江淮二大水，北上联济沂二水。吴越地区有三江（松江、钱塘江、浦阳江）五湖（太湖），掘渠相通，外可通海，内可通邗沟。齐地淄水济水相通。巨大人工沟通了大小各水，成一南北各地水路交通网，大有助于全国的统一。

商业　战国时商业发达，居泽地的人得用木材，居山地的人得吃鱼盐，各地居民，因货物交换，经济生活上相互联系相互依赖，不可割离了。《礼记·月令》仲秋月，"开放关市，招徕商贾，以有易无，各得所需。四方来集，远乡都到，自然财物充足，国用民用，不感缺乏，百事顺利。"这是商业有相当重要地位的说明。因为各国间需要通商，闭关不相往来成为不可能。

水利灌溉 山东各国，各造堤防，天旱争夺水利，天涝放水到邻国。例如东周国想种稻，西周国不放水（前三六七年周分为东西两国）；赵魏两国地高，齐国地势卑下，黄河不决齐堤，便要泛滥赵魏。壅水和放水，给地主、农民以生死的威胁，统一的管理成为两大阶级的共同要求。

障碍水陆交通的有各国所设的关津和长城、巨堑。障碍商业流通的有苛税，如客人过关，关吏要关税并勒索贿赂，骑白马过关，照例要多纳税。《孟子·尽心篇》说"古代设关为了禁暴，今世设关为了行暴"。障碍水利灌溉的有以邻国为壑的各国堤防。这都是人为的障碍，只有全国统一才能消除或减少由于割据所发生的灾害。

以上所说诸原因以外，还有下列看来是抽象的，但是有巨大作用的两个原因：

劳动人民要求统一 春秋时期大小一百多国，象莒、邾等小国，也要准备兵车一千乘。小国对大国缴纳的贡赋徭役，以及列国间的战争损害，国内君主贵族的奢侈浪费，全压在劳动人民的肩上，那时候小国人民，负担是极其严重的。但如晋齐等大国，土地人口比莒邾大几十倍，兵车不过四五千乘，从这一点说，大国人民的负担，要比小国轻得多。战国时期，秦赵等大国，兵力六十万，战争中用全兵力的次数极少，可以说人民负担又比春秋时期大国要轻些。所以人民的经验是：做小国的人民不如做大国的人民，做大国的人民不如做全中国统一的人民。邹鲁两小国打仗，邹国官员战死三十三人，兵卒一个也没有死亡。邹鲁人民不愿意打仗，七国人民当然也不愿意打仗，谁能统一中国，人民就希望从他那里得到和平。《孟子·公孙丑篇》说"人民遭受虐政的苦难，再没有比现时更厉害的了。饥人见食物就要吃，渴人见水就要喝，……那个国王能行仁政，人民喜欢他，好比倒挂的人得到了解救"。秦国政治在七国中比较好一些，因此人民把希望寄托在秦国，荀子曾代表这个希望断定秦国将实现统一全中国的伟大任务。

共同文化要求统一　西周以来，虽说华族居住中原，非华族的各种族居住在华族的四周，但事实上，中原地区也是各族杂居，与华族对敌，势力不小。东周后期，华族生产力进步，文化程度提高，因此逐渐地把居住在中原地区和四周边沿地区的各族融合起来。苗族的楚国统一南方，文化向上发展，与华族的区别消失了。东夷各族，长期接触华族文化，陆续并入齐鲁楚各国。秦在西方，受戎狄影响，被东方诸侯看作戎狄，战国初年秦国文化上升，成为华夏文化国。北方和东北方各族对赵燕等国，经过战争和文化交流，一部分并入华族，大部分退到长城以外。战国时期，北起秦、赵、燕三国长城，南至旧吴、越海滨，大体上只存在着一个华夏文化，也就是居住在广大境域内二千万左右的人口，文化是共同的，心理状态是共同的。孟荀大儒主张行仁政，使天下"定于一"。明确地代表了这种共同心理。

秦国拥有多种优势，在全中国范围内又具备着多种统一的条件，配合起来，这就是秦为什么能够结束八百年诸侯割据称雄的局面，建立起专制主义的中央集权的封建国家的原因。

第五节　孟子与邹衍

孔子创儒家学说，墨子反对儒家，创墨家学说。杨朱生在墨子后，针对兼爱，创"为我"学说，反对墨家。孟子说，"拔他身上一根毛，天下人都可以得到利益，他是不干的。"杨朱是这样一个极端自私自利的提倡者。孟子时，杨墨两家学说满天下，士人们不是从杨就是从墨。儒家礼乐学说被墨家破坏了，儒墨两家说法不同的仁义学说又被杨朱破坏了。继承传统文化即所谓周道的儒家学派，自然要起来坚决反抗，代表人物就是孟子。

孟子名轲，鲁国邹人。孔子中庸学说传曾参，曾参传子思（孔伋，孔子孙），子思再传为孟子，孟子学说可以说是孔子的嫡传。孟子与齐宣王梁惠王同时，带着车子数十乘，侍从多至数百人，游说齐魏等国王，虽然他的学说被国王们看作"迂阔而疏于事情"（不合时宜），但在当时思想界中却发生大影响。晚年回家著书七篇，又给后世思想界极大的影响。孟子确是孔子以后最大的一个儒学大师。

孟子自任为孔子的继承人，《孟子》七篇，充分发挥了孔子学说的仁义部分。大体说来，作为孟子思想中心的仁义学说，表现在他的反对非儒家学派和他的政治思想、哲学思想等三个方面。

孟子反对当时各种非儒家学说，主要是"辟杨墨"。他在《滕文公篇》里痛斥杨朱墨翟，说"杨氏为我是无君，墨氏兼爱是无父，无父无君是禽兽"。墨翟有君，硬说他无父，称为禽兽；杨朱无君又无父，却说他无君，看作与人相近的禽兽。在《尽心篇》里说"逃出墨家一定到杨家去，逃出杨家一定到儒家来"。足见孟子认为杨与儒是比较相近的。孟子"辟杨墨"，正说明孟子的阶级偏见。墨子被认作禽兽，只是因为墨家代表劳动群众要求一些政治上的利益。墨家流派宋钘（音坚 jiān）创制华山冠（华山形状，上下平均）表示上下应该平等，这是儒家绝不能允许的。杨朱与孟子同属地主阶级，区别只在杨朱所暴露的剥削思想，毫无掩饰、毫无节制，孟子则是谈仁义，使剥削思想有掩饰与节制。杨朱的思想在政治上就是暴君污吏的民贼思想，孟子对它深恶痛绝确是事实，但和墨家比起来，却看作较好的思想了。孟子又和许行的农家学说作了一次著名的辩论。《滕文公篇》载许行主张"君民同耕，不耕不得食。布和帛长短同，麻和丝轻重同，五谷数量同，鞋子大小同，那末价钱都一样，即使幼童上市，不会受骗"。这种虚幻反动的平均思想的学说，孟子予以非常明快的驳斥，是有重大意义的。孟子说，"货物不同，价值也不同，大鞋与小鞋同价，谁还制造大鞋呢？照许行的做法，天下再没有好质量的货物了，怎么治国家！"孟子一生辩论，影响最大的在于辟杨墨，但有较多进步意义的却在辟许行。当时各国都在讲求富国强兵的方法，孟子独依据仁义学说，与各种学派进行争辩，对儒家学派有极大的贡献。

孟子的政治思想，基本上是劝国王行仁政以达到全中国统一的目的。仁政首先是实行井田制度，给农民五亩之宅、百亩之田，另外给国君耕公田十亩，比种田百亩抽税十分之一的彻法，农民收入可以多一些。当时地主兼并，农民失地或少地，给农民土地是必要的，但土地从何处来，孟子不曾说及。不过，孟子既有此主张，总会想到土地的来源。他是孔子的嫡传，要复西周之古。他对滕文公谈施行井田的办法是划地主的土地为井田（所谓"正经界"），分配给农民去种，使农民"死徙无出乡"，"公事毕（种公田），然后敢治私事（种私田）"。这种办法，实际是要地主回到领主、农民回到农奴的地位上去。象滕那样小国，也许实行得了。至于齐魏大国，不仅不能阻止地主的兼并，同时也不能强迫多数农民再去当农奴，所以孟子的仁政学说，被国王们看作不合时宜，无法采用。但是孟子的仁政学说，含有不少独辟的积极思想，如痛斥民贼，说汤放桀，武王伐纣是诛独夫不是弑君；如重民轻君，说"民为贵，社稷（国）次之，君为轻"。得民心的人得做天子，天子失民心，就是独夫，人人得而诛之。如君臣关系，说君待臣象手足，那末臣待君象腹心；君待臣象犬马，那末臣待君象路人；君待臣象土芥（轻贱物），那末臣待君象仇敌。如限制君权，说国君用人或杀人，不要单听左右亲近人的话，也不要单听大夫们的话，要国人都说这个人好或国人都说这个人可杀，经过国君考察后，才决定用或杀。孔子在《春秋》弑君书法中，承认国人有权杀暴君。孟子依据孔子及西周时敬天保民思想，大胆予以发挥，成为封建时代最可宝贵的一种政治理论。

孟子的哲学思想，是性善论。这是仁义学说必然的出发点，犹之性恶论必然主张礼乐学说一样。孟子把口、耳、目、心所喜欢的东西人人相同，来证明合于统治阶级利益的理义，也是为一切人所喜欢。事实恰相反，统治阶级的理义，根本在于维护剥削，而被统治阶级的理义，根本在于反对剥削。统治阶级的理义，怎能说是为一切人心所喜欢呢？孟子性善论是从统治阶级看本阶级的性是善的，所以本阶级的理义也是善的。以此为标准，被统治的人当他对理义表示顺从的时候，性也是善的，表示反对的时候，象墨子代表庶民要求一些政治上的权利，那就是性恶的禽兽。与孟子相反，荀子主张性恶论，是从统治阶级看被统治阶级的性是恶的，所以要用统治阶级的刑法来强迫被统治阶级顺从，事实上荀子也以为统治阶级的性是善的，否则不可能有制礼的圣人，也就不可能有遵礼的士大夫。性善性恶说法不同，本质都是宣布统治阶级权利的不可侵犯。性恶论的出现，也说明战国后期阶级矛盾比前期更趋尖锐。

荀子说子思、孟子是五行学说的创始者。孟子有"五百年必有王者兴"（《孟子·公孙丑篇》），"由尧舜至于汤五百有余岁，……由汤至于文王五百有余岁，……由文王至于孔子五百有余岁"（《尽心篇》）等近乎五行推运的说法。比孟子稍后的邹衍，扩大五行学说，成为阴阳五行家。秦汉时孟子一派儒者与阴阳五行家结合，大得统治者的尊信。

《周易》讲阴阳，《洪范》讲五行，原来是解释宇宙的两种不同的哲学思想。阴阳是朴素的辩证法，五行是朴素的唯物论。至齐人邹衍混合两种思想，并且改造成唯心论，大大加强它们的神秘性，创立起阴阳五行家。邹衍著书五十六篇，十余万言。

战国时期海陆交通开始发达，地理知识大为增加，如《山海经》、《穆天子传》、《逸周书·王会解》以及比较真实的《禹贡》、《周礼·职方氏》等书，都反映出人们的眼界不再局限在黄河中下游这个小区域里面。邹衍依据当时已有的一些地理知识，用先验小物，推而大之，至于无边的方法，先详述中国九州名山、大川、道路、禽兽、物产、奇珍，称为赤县神州。从此推广，象赤县神州的州共有九个，称为九州，外面有小海环绕。小海环绕的九州称为一州，这样的州又共有九个，外面有大瀛海环绕。再往外便是天地的边际。邹衍又用同样的方法，从当时上推至黄帝各时代的制度和盛衰，再往上推直到天地剖判以至天地未生的时候。这些虽出臆测，但扩展了空间观念和时间观念，应是邹衍学说中的有益部分。

曾子反对天圆地方说，以为如果地是方的，那末地的四角就没有天。又重视历数，说圣人注意日月的度数，考察星辰的运行，使四时节气不发生错误。孟子也说一千年的冬至日可以算出来。曾子、子思、孟子学派，主要在讲论仁义，其次才兼讲天文历数。这个学派的支流阴阳五行家，主要在讲论天文历数，其次才讲仁义。古代天文历数与灾异占候混为一事，迷信成分极浓厚。前五一一年，晋国史官史墨给赵简子占梦，预言六年后吴将攻入楚都，但不能灭楚，理由是火胜（克）金。墨子不信五行，驳斥占卜术用五色龙定吉凶。足见东周时五行说早已通行，至邹衍特加发挥，号称"谈天衍"，把阴阳消长与五行相胜配合起来，造出五德终始（水德克火德，火德克金德等）的循环论与命定论。阴阳五行家传播"推五德终始之运"的学说，要人们一举一动完全听命于鬼神天数。这种学说影响最广泛而流传又极久远，是战国诸家学说中最有害的一种。

第六节　老子与庄周

《道德经》五千言，确是战国时期的著作。据《史记·老子列传》所说，《道德经》的著者是楚国苦县（河南鹿邑县）厉乡曲仁里人李耳。李耳的儿子名宗。宗为魏将，封于段干。前二七三年，宗被秦白起击败，魏使宗献南阳求和。《史记·魏世家、六国表》与《战国策·魏策》均有记载。宗（《魏策》作段干崇）是战国后期人，事无可疑，那末，李耳的年代也可以推知。宗儿子名注。注儿子名宫。宫玄孙名假。假在汉文帝时做官。假儿子名解，为胶西王邛（前一五四年邛死）的太傅，就在齐地住家。司马谈、司马迁父子崇尚黄老，《史记》在《老子列传》记李耳世系，在《乐毅列传》后记道家传授，体例略同《孔子世家》与《仲尼弟子列传》。《史记》叙述李耳乡里世系及师弟传授，如此明确，必有根据，决非虚构。

据《礼记·曾子问篇》，孔子师事老聃，是老聃确有其人。战国诸子创学说，多依托古人，道家书依托尤多。《汉书·艺文志》道家：《老子邻氏经传》四篇。班固自注："姓李名耳，邻氏传其学。"班固生在东汉初年，不曾怀疑《老子》非李耳所作。道家书有《伊尹》（商汤相）五十一篇，《太公》（周文王师）二百三十七篇，《辛甲》（周太史）二十九篇，《鬻子》（周文王师）二十二篇，《管子》（齐桓公相）八十六篇，《黄帝四经》四篇，《力牧》（黄帝相）二十二篇。这些书都依托古代帝王师相，李耳所作依托孔子师老聃，是不足为奇的。《黄帝四经》非黄帝作而世称为黄帝，《老子》上下篇非老聃作而世称为老聃，事同一例。说《老子》上下篇一定是老聃所作，未免拘泥，说《老子》上下篇一定是关尹（《汉书·艺文志》道家有《关尹子》九篇）环渊（《汉书·艺文志》道家有《蜎子》（蜎音渊 yuān）十三篇）之流所作，未免穿凿。庄子说孔子到东周，见道家思想的老聃问礼，接受老聃的教训。庄子也说杨朱见老聃。按杨朱生在墨子后，孟子前，决无见老子之理，庄子说显然不可信。《庄子》书本来十分之九是寓言，信寓言为真事，未免过于天真。《史记·老子列传》列举若干荒诞不可通的说法以后，用"谁也不知道对不对"一句话把那些不可通的说法都否定了。司马迁最后断定说老子（李耳）是个隐君子，不是东周史官；他的儿子名宗，是魏国的将军；李耳学说的宗旨是"无为自化，清静自正"，不是教孔子笃守古

242

礼的那个老聃。著《老子》上下篇的人，应根据《史记·老子列传》与班固《汉书·艺文志》肯定是李耳。孟子批评当时各学派，没有提到老子，这说明李耳学说流行在孟子后。荀子开始评论老子，说他只看到屈的好处，没有看到伸的好处。韩非子作《解老》、《喻老》两篇，发扬老子学说。足见老子学说的传播在战国后半期。

老子是有极大智慧的古代哲学家。他观察了自然方面天地以至万物变化的情状，他观察了社会方面历史的、政治的、人事的成与败，存与亡，祸与福，古与今相互间的关系与因果，他发现并了解事物的矛盾性比任何一个古代哲学家更广泛更深刻。他把这种矛盾性称为道与德。道是从一切具体事物中抽象出来的自然法则或规律。《老子》书中多用"一"代表道。"一"里面有正反两面对立着。有对立，才有变动，老子称为"反者道之动"。反面开始是柔弱的，但是它可以转化到强大方面去，取得正面的地位。老子称为"弱者道之用"，"柔弱胜刚强"。正反两面在一定条件下互相转化，老子称为"祸兮福之所倚，福兮祸之所伏"，"正复为奇，善复为妖"。德是宇宙间一切具体存在着的事物所含有的特性。德不能脱离具体事物而独立存在，德所寓的事物称为得。韩非子说"德者内也，得者外也"，王弼注《道德经》(即《老子》)说"德者得也"。从各个的德综合为一般的道，从一般的道表现为各个的德，有道便有德，反之，没有德也就没有道。韩非子称为"道有积(积众德成道）而德有功（实在的事功），德者道之功（道不离德）"（《解老篇》）。庄子说道在万事万物的里面，郭象注《庄子》说"道不逃于物"。老子以这些朴素的辩证法，讲论"人君南面之术"（统治术）与一个人（统治阶级的人）如何立身处世的方法，全部学说贯穿着道德这个根本思想。

老子看到了矛盾的某些重要法则，特别是正反两面互相转化的法则，成为老子学说的精髓。因为战国时期，贵族领主正在没落中，已没落的企图恢复失去了的特权，未没落的企图巩固将失去的地位，思想上带着消极、保守的色彩，老子学说正是这些没落领主思想的反映。老子学说的精神，不是要发展矛盾，解决矛盾，向前推进，而是要阻止发展，保持原状以至向后倒退。老子在政治上人事上应用他所了解的法则，大体有四类：一类是"抱（守）一"。所谓"抱一"，就是一方面"无为"、"好静"、"无事"、"无欲"，缓和另一方面的反对，使事物常常保持原来的情状，不让矛盾发展起来。老子以为治民做事，最好象"啬"（农夫）种田，只许田上有一种禾，不许有别种草。国君能在危机未起前去危机，乱事未起前除乱事，国家可以长久。做事情始终如一（"慎终如始"），可以免于败坏。一类是"取"。其方法是"将欲歙（音系 xì 缩小）之（对方），必固（定要）张（扩大）之；将欲弱之，必固强之；将欲废之，必固兴之；将欲夺之，必固与之"。自方处于柔弱地位，使对方处于刚强地位，刚强已极，就要转化到它的对面，归于失败。这个道理叫做"柔弱胜刚强"、"强梁者不得其死"。一类是"守"。既然正反两面要易位，已在正面的人，如何能常得而无丧（失），常利而无害呢？韩非子在《解老篇》里解释祸福的关系说，"人有祸害，心里恐惧，心恐惧则行为端正，行为端正则思虑周到，思虑周到则明白事理。行为端正则无祸害，无祸害则尽天年；明白事理则必成功。尽天年则长寿，必成功则富贵。长寿富贵叫做福，而福本于有祸，所以说，祸兮福之所倚。……人有福自然是富贵，富贵自然衣食美，衣食美自然骄心生，骄心生自然行为淫邪，举动违理。行为淫邪自然要短命，举动违理自然无成功。短命无成功叫做祸，而祸本生于有福，所以说，福兮祸之所伏。"这里说明正反易位是有一定的条件的，要常保正面，不转到反面，必须"知止、知足"，必须"去甚、去奢、去泰"，必须"知其雄，守其雌……；知其白，守其黑……；知其荣，守其辱……"，正面不完全脱离反面，正面就会保持常态。例如王公大人自称孤、寡、不谷（不善），表示贵不弃贱，高不弃下，因为"贵以贱为本，高以下为基"，贵、高脱离贱、下，贵、高也就不能存在。刘向《别录》论道家"秉要执节（关键），清虚无为，及其治身接物，务崇不竞（柔弱）"；《汉书·艺文志》班固论道家说，"秉要执本（道、德），清虚以自守，卑弱以自持，此人君南面之术也，合于尧之克让（能谦逊退让）。"这都是说，老子善于守高贵地位，是统治阶级最有用的学说。一类是"无"。老子阐发无的妙用，是老子学说独到的见解。老子以为"有无相生"，"有生于无"，例如房屋，当门窗处无墙壁，这个无对房屋正是有用。老子把无当作最高的理想。他说，学道应天天进益，行道应天天减损，减损又减损，一直到无为。无为才能无不为。想取天下，一定要无为，如果有为，就不能取天下。战国时期社会动荡剧烈，人民迫切希望安静休息，老子所说无为、清虚、静止，正是当时取天下的一个方法。无为政治在一定时期是有效的，西汉前期便是明证。

老子应用无的学说在阶级矛盾上，对统治阶级主张无为。他说，民为什么饥饿，因为统治者食税太多；民为什么难治，因为统治者喜欢有为。又说，朝廷很奢华，民间一定田荒食虚，所以"损有余（统治者）而补不足（民）"是合乎天道的政治。对被统治阶级主张愚民。他说"古之善为道者，非以明民，将以愚之（民）；民之难治，以其智多"。要"虚其（民）心（无知），实其腹（有饭吃），弱其志（无欲），强其骨（能劳动），常使民无知无欲"。事实上愚民是困难的，因此他想倒退到小国寡（少）民的远古时代去。那里用不着各种器械，不要舟车，不要甲兵，不要文字，结绳就行了。这一国望得见那一国，这一国听得到那一国的鸡狗声，国与国间居民自给自足，一辈子不相往来。老子想分解正在走向统一的社会为定型的和分离的无数小点，人们被拘禁在小点里，永远过着极低水平的生活，彼此孤立，没有接触的机会，社会进步所不可缺少的愿望和努力，老子都看作有害。这种反动思想，正是没落领主的思想，他们不敢向前看，只好回头看那辽远的后面，幻想在那些小点里过着"甘其食，美其服，安其居，乐其俗"的美满生活。

道家学说比儒家更保守。儒家复古，只复到西周，道家却想复到"结绳而用之"，"邻国相望，鸡犬之声相闻，民至老死不相往来"的远古。社会向前发展，在地主阶级的儒家看来，只要加以节制，不使变动太快、离旧礼制太远，就可以了；在没落领主的道家看来，则是不可容忍的罪恶。《庄子·天地篇》载一段故事，说子贡在路上看见一个种菜老人，抱瓮入井，汲水灌园，用力多，见功少。子贡劝他使用桔槔，老人忿怒道"谁不晓得那个东西，我不能无耻到用桔槔的地步"。这当然是寓言，但正表现道家的极端的保守思想。

老子小国寡民的政治思想是反历史的，就其深刻地观察了当时社会各方面的矛盾，发见了若干辩证法的规律来说，却是极可珍贵的。老子生在战国时期，对辩证法已有如此程度的认识，虽然古代的辩证法必然是不完备的、自发的、朴素的，但在马克思主义的唯物辩证法传入中国以前，古代哲学家中老子确是杰出的无与伦比的伟大哲学家。

老子的唯物论是把天地万物的运行生灭，看作纯循自然规律，并无人格化的神存在。人对自然只能任（顺从）和法（效法），不能违背它。他说"天地不仁（无情），以万物为刍狗"，所以"圣人不仁，以百姓为刍狗"。刍（草）、狗（兽）、人都是天地间自然生长的物，兽食草，人食狗，都合乎自然规律，天地并不干预兽食草，人食狗，所以圣人也不干预百姓的各谋其生活，所谓"圣人无常心（成见），以百姓心为心"，与"以百姓为刍狗"，用意相同，归根还是无为，任自然的意思。后来法家引申这种思想为极端的专制主义，就是君主制订法令，臣民绝对服从，象服从自然规律一样。

儒道两家是封建统治阶级不可偏废的两个重要学说。儒家是一条明流，它拥护贵贱尊卑的等级制度，使统治者安富尊荣；道家是一条暗流，它阐明驾驭臣民的法术，使统治者加强权力。秦汉以后历朝君主，凡善于表面用儒，里面用道，所谓杂用王霸之道的国常兴盛，不善用的国常衰亡。儒经和道经也为历朝士人所必读，成为学术思想的主要泉源。因此，孔子与老子两大学派，一显一隐，灌溉着封建社会政治、文化的各个方面。

庄周，宋国蒙（河南商丘县东北）人。《史记》说他与梁惠王齐宣王同时，也就是与孟子同时，恐不可信。庄周当是宋王偃（前三二八年至前二八六年）时人，与李耳同时或稍后，因为庄子思想显然源出老子，《史记》已有定论。庄子所说人事极大部分是荒诞无稽的寓

248

言(《庄子·寓言篇》所谓"寓言十九")。所谓与惠施辩论，楚威王聘请为国相等事，都属假设，并非实有。《庄子》三十三篇，其中内篇七篇是庄子自作，外篇杂篇共二十六篇，多出道家依托，不全合庄子本意。论庄子应以内篇为主。

宋王偃狂妄，逐宋君剔成，自立为王。他是战国时著名暴君。攻击齐、楚、魏，与三大国为敌。挂起一个盛血的皮囊，把它射破流血，叫做射天。酗酒淫妇人，群臣劝谏，就被他射死。各国都说宋国出了桀纣，不可不诛。齐魏楚三国出兵杀王偃，灭宋国。庄子宋国人，目睹王偃作乱，正象狸子黄鼬子东跳西跃，不顾高低，一朝被捉，无地逃命。战国末叶，争城夺地，机诈无穷，辩士说客，议论纷纭，庄子都看作狸子黄鼬子跳东跳西，蚊子牛虻子飞来飞去，不算作一回事。老子主张无为，目的在于有为、无不为，主张任自然，目的在于效法自然规律来治国、驭众、固位、保身。庄子以"物（人）不胜天"(《庄子·大宗师篇》)为中心思想，说无可奈何的叫做命，不可违离的叫做天。他把无为说成无是非，无成败，无梦醒，无生死，无空间（"天地并"）、时间（"无古今"），一切归于无；把任自然说成弃绝人世，学做浑沌，不视不听不食不呼吸，回到无人类的世界里去。庄子所作内篇七篇，把战国社会的消极面集中表现出来，他那种极端厌世悲观的思想和纵肆无边际的辩说，似乎要引导人们走到毁灭的路上去。郭象《庄子序》说

"读了他的书，自己好象经过昆仑山，入太虚境，游惚恍庭的样子了"。荀子评庄子只见天不见人，是的，庄子完全失去了人对自然斗争的自信心。

庄子思想源出老子，流派却不同，所以两汉时黄老并称，不称老庄。魏晋时期以庄配老，并称老庄，与佛经同为腐朽的统治阶级所宗尚。

第七节　荀子与韩非

孔子提倡仁义、礼乐，墨子反对礼乐，提倡兼爱。杨朱反对兼爱，提倡为我。孟子反对杨墨，提倡仁义。老子庄子反对仁义、礼乐，提倡无为、任自然。荀子反对孟、墨、老、庄，提倡礼义。荀子弟子韩非，博采荀、老、名、法各家要旨，集成韩非的刑（形）名法术之学。孔子仁义学说至孟子得到充分的发挥，孟学结合阴阳五行家成一大学派。孔子礼乐学说至荀子得到适时的修正，通过韩非结合黄老名法成一大学派。荀子在儒家中是和孟子有同等地位的大师，在诸子百家中也和孟子一样，善于评论异家，表彰儒学，是孟子以后最大的儒者。韩非传荀学，脱出儒家范围，自成专家，完成了极端专制主义的政治理论，为战国时期最后的也是最合时的大思想家。

荀子名况，赵国人。齐宣王招天下著名学士来齐国，居稷下，食大夫禄，号称列大夫，著书议论，不治政事。齐湣王时，稷下学士更盛，多至数万人，齐湣王晚年，荀子到稷下游学。当时齐将败亡，列大夫离齐散去，荀子南游楚国。齐襄王时，稷下士又盛，荀子回到齐国在列大夫中"最为老师"，被尊称为卿。荀子遭谗，离齐至楚，春申君以荀子为兰陵（山东枣庄东南）令。荀子又遭谗，离楚至赵，在赵孝成王前议兵。离赵至秦，见秦昭王与秦相范雎。离秦归赵，又至楚为兰陵令。前二三八年，春申君死，荀子失官家居，著书数万言，死后葬兰陵。《史记·荀卿列传》说荀子"年五十，始来游学于齐"。齐湣王晚年到春申君死时，约五十年，如《史记》所说，荀子年当在一百岁左右，似不可信。应劭《风俗通》改年五十为年十五。荀子见齐国将亡，说齐相行王道，十五六岁童子谈论王道，游齐游楚，也未必可信。荀子确实年龄无法证明，自前二八六年（齐灭宋年）至前二三八年是荀子活动时期，则近事实。

孔子所传授的礼，内容是等级制度及由此产生的法令和刑罚。外表是朝聘丧葬、揖让周旋等繁缛的仪式。乐配礼仪居附属地位。儒家礼乐，经墨家道家的攻击，又不合时君世主的好尚，战国时古仪古乐崩坏略尽，礼义（礼的本意）却因荀子的修正和发挥，更接近法家学说，符合地主阶级政治上的需要。秦朝建立大一统制度，基本上采用了荀子的礼义学说。

《左传》昭公二十五年载郑大夫子大叔说，"人是靠礼生活的，人不论直性或曲性，都得按照礼来矫正自己的性格，合礼才得称为成人。"荀子从这个传统观点出发，创造出一套礼义学说。

荀子对自然界的看法，与孔子孟子有极大的区别，与老子却有些接近。荀子以为天有常道，地有常法，按照自然规律在运行变化，并无鬼神、命运、妖怪操纵着天地万物。吉凶祸福在于人为，不在天地。尊敬天地，希望多生财物，不如加强生产，积蓄财物，由人自己来控制。赞美天地的威德，不如利用物性，由人自己来制裁。等待好时候的到来，不如自己按时勤作，不失机会。依赖天地生长财物，不如依赖自己的智能，使生长得更多。想望万物来供人使用，不如自己治理万物，各得其用，不使失丧。心愿天地多生些有用的物，不如治理已有的物使成为有用。弃人为而望天赐，是反万物之情（理）的妄想，即使劳心苦思，决不能得到益处。君子尽力做自己的事，不希望天有什么赐与，所以一天天有进步；小人放弃自己的努力，希望天有什么帮助，所以一天天在后退，君子小人的悬殊，就在于一个靠自己，一个靠天地。人对自然界，不是要顺从畏敬，恰恰相反，要发挥人力，向自然界作斗争，使天地万物为人所控制、所利用。这种人胜天的思想，正是战国时期生产力显著发展的反映（《荀子·富国篇》说，人力可以增加生产，不愁衣食缺乏）。从孔子的畏天命到老庄的任自然，各学派中只有荀子能正确地说明人对自然界的

252

关系,《天论篇》应是诸子书中最有积极意义的也是唯物论思想最显著的一篇重要著作。

荀子认为人胜天地万物的原因在于合群,群所以能合的原因,在于合理分配生产物。分配合理自然大家协和,协和自然一致,一致自然多力,多力自然坚强,坚强自然胜物。反之,分配不合理就要争夺,争夺就要纷乱,纷乱就要分离,分离就要衰弱,衰弱就不能胜物。人胜物的关键既在于合理分配生产物,那末,贵贱有等级,长幼有差别,贵者长者分多,贱者幼者分少,自然是不容置辩的真理了。荀子把这个所谓真理叫做礼,也叫做礼义。制礼的是圣人,行礼的是王公大夫士,所以天子至尊至贵,应得最高的享受,握最大的权力。自天子至士按礼分禄,是合理的。众庶百姓不知礼,必用刑法来制服,使出力生产,供养长上,也是合理的。荀子把封建等级制度看作与人类同时并存的永恒真理,把制礼行礼的国君大夫士看作养活众庶百姓的人,说礼的定义就是养(《礼论篇》说"礼者养也")。孟子说"治于人者食人,治人者食于人",还算是治人者因分工而得食,荀子则说成治人者养人,事实完全颠倒了。他的封建专制主义学说,就在这个治人者养人的观点上建立起来。

荀子以为人生而有欲,有欲必争夺,这就是性恶论的根据。性恶论形式上是说凡人之性皆恶,实际却分王公大夫士与庶人(民)为两大类。士以上属知礼类。

照荀子的说法，人性原来是恶的，因为学礼与为礼而知礼义，恶变为善了，这种行为善的人，可用礼乐来对待。众庶百姓属不知礼类，因为他们不学礼不为礼，所以始终是性恶的。这种行为不善的人，必用刑罚来制服。荀子又分人为圣人、中庸、元恶三种。圣人能自动矫正本性，制作礼义；中庸能受教化知礼义；元恶不受教化不知礼义。王公士大夫的子孙，如果不学礼义，应归入庶人类；庶人的子孙，如果学礼义，应归入卿相士大夫类。不学礼义便是性恶，庶人显然不能学礼义，所以性恶的是庶人。孟子用统治阶级的理义来证明人性善，荀子用统治阶级的礼义来证明人性恶。性善论性恶论归根只是说，合于统治阶级利益的就是善，不合的就是恶。

对善人用礼乐，对不善人用刑法。礼乐刑法历代有变化，孟子法先王，虞夏商周都是先王，无法得到适合当今的礼乐刑法。荀子改为法后王，理由是天地过了长久的日子，眼前的却是今天，先王行了各种的治道，合时的却是后王。荀子斥责俗儒，说他们粗略地取法先王，扰乱当世的法制，议论谈说，实际上无异于墨子。这大概是指孟子一派的儒者，因为他们标榜法先王，无异于墨子的法先王。荀子所赞美的大儒是法后王，重礼义，轻诗书，划一制度，辅佐当今后王统一天下，这大概是说荀子自己的志愿。孟子法先王，是想行周公孔子的所谓王道，荀子法后王，是要实行战国末年已经成熟了的中央集权制度。孔孟政治学说经荀子修正，不再是迂阔难行的儒学了。

荀子人胜天地万物说，是有进步意义的，由此造出专制主义的学说，在当时也是适合政治需要的。可是荀子否认命运，不敬天地，不信鬼神，不法先王，轻视仁义，人本性恶诸说，对统治阶级并不合用。因为统治阶级要利用命运、天地、鬼神来巩固自己的地位，要利用先王、仁义、性善来文饰自己的政治，赤裸裸地用刑法来实行专制主义，是和王霸杂用的统治术不合的。所以在形式上合用的还是孔孟传统儒学，而荀子在儒学中地位不得不落后于孟子。后世孔子庙中没有荀子的位置，虽然专制主义是他倡导的。

荀子是儒家传经大师，秦汉儒生所传《诗》、《礼》、《易》、《春秋》诸经说，多出荀子，因之在儒家传经事业上荀子远高于孟子。

韩非继承荀子的哲学与政治学，推进一步便失去儒家面貌，成为刑（形）名法术之学。

韩非是韩国贵族，与李斯同在荀子门下为大弟子。李斯自以为不及韩非。韩国衰弱昏乱，韩非屡谏韩王任用贤人，富国强兵，韩王不能用。《韩非子·问田篇》载堂谿公劝韩非不要得罪昏君权臣，遭受祸害。韩非回答说"我不怕昏君权臣，宁愿遭死亡的祸害，一定要替众庶百姓谋利益"。韩非所说为众庶谋利，实际是代表新兴地主阶级的政治思想，坚决反对残余领主的腐朽政治。韩非著书十余万言，传到秦国，正合秦国政治的需要，秦始皇赞叹不已，说"我得见此人，和他在一起，死也安心了"。秦攻韩求韩非，前二三三年，韩非入秦。李斯怕韩非得信任，进谗言杀害韩非。

韩非子是战国末总结诸子学说的大思想家，他吸收荀子的儒家学说、老子的道家学说以及东周以来郑国传统的法家名家学说，构成韩非的刑名法术之学。荀子依据儒家"礼不下庶人，刑不上大夫"（《礼记·曲礼》）的旧说，主张人君对士以上用礼义，对庶民用刑罚。韩非子废弃礼义，主张人君对臣民一概用刑。韩非思想的基础是更加扩大的性恶论。韩非推崇老子，全书多引《道德经》语，但老子宗旨在柔弱无为，韩非却主张刚强有为。《解老》《喻老》两篇，阐发道德本意，语甚详备，但其中无一语说及无为柔弱，可见韩非仅取老子的法术，并不取老子的宗旨。法家（包括名家）有法、术、势三派。李悝、商鞅一派专主用法。李悝著《法经》六篇，为律家之祖。商鞅定秦法，国富兵强。他们所主张的法是君主制订法令，全国臣民无不遵守，有功必赏，有罪必罚。君主一人所说出的话是最高贵的话，说出来就成为令，所要做的事是最适当的事，定出来就成为法。一国里面，不许有两个人定法出令。申不害、尹文一派专主用术。术是君主驾驭臣下的方法，形名是术的一种。所谓形名，就是"循名以责实"，要臣下名（言）实（行）相符。尹文说，有形的（实在的事情）一定有名

（名义、言论），有名的却未必一定有形。有了事实，不一定被言论到，但事实仍是事实；有了言论，是否真合事实，不可不根据言论去检查事实。所以君主必须根据臣下所言，检查臣下所行。慎到一派专主用势。势是凭借权位，有重权高位便能治天下，用不着要等待贤智。韩非综合三派学说，以为君主当乘势执术，臣下当守法奉令，不可偏废。

集一切权力于君主一人，是韩非学说的本旨。但君主一人决不能有这种无限的智力，照韩非说：国君一人力不敌众人，智不胜万事，与其靠自己不如靠一国。用一国的眼睛看，看得最清楚，用一国的耳朵听，听得最明白。所以下君用尽自己的智能，中君能用众人的力，上君能用众人的智。用众人的方法是"听其言必责（检查）其用（实用），观其行必求其功（效果）"（《韩非子·六反篇》）。

韩非思想是荀子思想进一步的发挥，以此为基础，采取老子的术，商鞅的法，申不害、尹文的术（形名），慎到的势，造成完整的极端专制主义的政治理论。当春秋后期农民地主两个新阶级开始产生的时候，与领主对比，势力自然是微弱者。孔子主张复兴周道来求政治上的统一，正反映了那些微弱阶级的政治要求。战国前期，两个新阶级力量增加了，孟子主张行仁政、保民而王，说明地主阶级向领主要求统一，还不能离开农民阶级的援助。战国后期，地主阶级更加强大，公然和

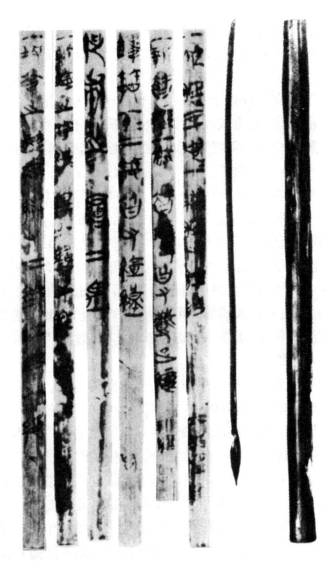

湖南长沙出土战国竹简、毛笔和笔筒

农民阶级对立，它的代表人荀子主张用专制主义来求统一。到了韩非学说的出现，说明中央集权制度已经达到完全成熟的时期，地主阶级成为主要的统治阶级，同时农民阶级也成为主要的对抗阶级。

第八节　散文与诗赋

　　黄炎族掌文化的人叫做史，苗黎族掌文化的人叫做巫。黄炎族与一部分苗黎族混合成华族，巫史两种文化并存，互相影响也互相斗争。传说：颛顼曾禁巫教。《墨子·非乐篇》说，商汤禁巫风，贵族犯禁罚丝二縗，庶民加倍；想见巫史间一向存在着斗争。史重人事，长于征实；巫事鬼神，富于想象。商朝人信鬼，巫风盛行，祭祀特多，歌舞降鬼神，应有许多诗篇，惜全部亡佚。史官所记，除大量甲骨文字记载当时大事，现存《商书·盘庚》、《高宗肜日》、《西伯戡黎》、《微子》等篇，是大体上保持原来辞句的商史遗文，尤可宝贵。依据这些文篇来看，可以推知商朝已有相当成熟了的散文，也可以推知有相当成熟了的诗歌，与西周初年的诗文应有同样的水平。

　　周朝重史不重巫，史官掌记事也兼作诗歌（诗三百篇不少是史官所作）。史官世代专业，儒家所传经书，其原始部分大都是两周史官旧藏的典册。经书文辞分散文与诗歌两类。散文分质言文言两体。质言如《周书·大诰》、《康诰》、《酒诰》等篇，直录周公口语，辞句质朴，不加文饰。凡朝廷诰誓、钟鼎铭文多属质言体。文言如《周书·洪范》、《顾命》以及《仪礼》十七篇，都是史官精心制作，条理细密，文字明白。孔子说，"质胜文则野，文胜质则史。"（《论语·雍也篇》）凡史官所自作，多属文言体。鲁史左丘明采集诸侯国史记，作《左氏春秋传》，创文言体散文的极致。诗歌基本上四字成句，叫做四言诗。体裁分风雅颂三类。《周颂》是配合宗庙祭祀时所奏音乐的诗篇，辞句最朴素。西周贵族美（赞美）、刺（讽刺）王政，用西方古音乐歌唱的诗篇叫做雅诗。东周时宋国作《商颂》，鲁国作《鲁颂》，从章句形式看来，可能是用雅诗同类的音乐。《国风》是用各国地方音乐歌唱的诗篇，多采取民间歌谣，贵族所作也不象雅诗那样严肃。风诗吟咏情性，文学价值特高，最为流行。战国初魏文侯听古乐想睡觉，听郑卫之音不知倦，因为郑卫音乐繁音急促（"烦手踯躅"），是一种悦耳的音乐，和它相配合的诗篇，也是一种悦心的文学。

两周散文与诗歌，经孔子删订成为儒家专门的经学。传经师儒，或阐发经义，或讲明训诂，与文学完全绝缘。文学的主流诗歌被尊为经，失去了活力，儒生只能背诵古诗三百篇，不能创作新诗一篇。孔子以后，学术由贵族转移到士阶层，诸子并起，各述所闻，散文因诸子著书而发展起来。首先是墨子，用质言体著书，引用古语，多译成当时庶民口语。墨家以外，诸子都用文言体著书。战国时孟子、庄子，《战国策》所载诸策士口说，都是议论风发，文质并胜。荀子、韩非子说理精密，不重文采。诸家文风不同，却都是优秀的散文作者。

诸子著书，重在谈论政治，阐明哲理，但其中包含寓言、故事、神话、隐语，往往隽永有味，类似文学。诸子中专有小说一家，采取街谈巷语，反映民间风俗，最有文学意义，儒家说它道听途说，小能小善，对大道有碍。战国小说因不被重视，全部亡佚。或说：《燕丹子》是战国小说的仅存者，确否未可知。

诗歌与音乐互为影响，不可分离，民间永远在创造新音乐新诗歌，新的流行了，旧的自然衰落。公羊家说，周时国家养活贫穷无子的老年男女（男年六十以上，女年五十以上），到乡间采取新诗歌。从乡送到邑，邑送到国，国君送给天子。天子有掌音律的大乐官叫做太师。太师选择新诗歌若干篇，修正章句和音乐，给天子演奏后，流传到四方。《诗经》十五国风中很多诗篇是这样得来的。最晚的风诗是陈灵公（前六一三年至前五九九年）时诗，此后不再有新篇。当时正是周天子愈益衰弱，兼并战争愈益激烈，公田制改变为税亩制的时候，这个养老人采诗制度势必废弃，民间新诗歌新音乐不能通过乐官的修正、士大夫的记诵，传到后世来。儒家反对新声，以为郑声淫，郑卫宋齐是乱世之音，桑间濮上（卫）是亡国之音。墨家非乐，以为"亏夺民衣食之财"（《墨子·非乐篇》），道家以为"五音令人耳聋"（《老子》），儒家守旧，墨道二家反对音乐。儒墨道三大学派都是新乐新诗的障碍，但民间创造并不因此停止。孟子记录孺子《沧浪之水歌》，想见东周后期至战国，四言诗正向五言诗发展。

东周时列国朝聘，宾主多赋诗言志。赋是一种声调，与歌不同，与诵相似，所谓"不歌而诵谓之赋"，就是不用音乐，随口朗诵几句古诗，表达自己的意旨。东周列国间有时用廋辞（廋音搜sōu谜语）来测验对方君臣的智力，战国时有所谓隐书，记载各种谜语，不读隐书，就会答不上廋辞。荀子用赋的声调写廋辞，作《礼》、《智》、《云》、《蚕》、《箴》（针）五赋，形式缺乏变化，含义也只是些儒家常谈，虽是新体裁，却少新意义。荀子又仿民间春米歌调作《成相辞》，每章四句或五句，音节短促，所讲又都是儒家训条，和五赋同样，有新体，少新意。

北方学士无一人从事韵文文学，荀子独作赋与《成相辞》，应是受楚国屈原的影响。《成相辞》作于春申君死后，五赋大概也是荀子晚年所作。儒家老师仿赋诗声调作赋，用北方音韵，说儒家教义，因而看不出受《楚辞》影响的形迹来。

新体文学的创造在南方楚国，屈原是最大的创造人。

屈原是《三百篇》后推动文学到更高境界，使文学内容更加丰富的伟大诗人。楚国传统文化是巫官文化，民间盛行巫风，祭祀鬼神必用巫歌，《九歌》就是巫师祭神的歌曲。又巫师行术，唱禁咒辞，句尾用"些"字。民间歌唱，句尾带兮（音同侯字）字。屈原作《离骚》、《九歌》，弟子宋玉作《招魂》，都是用楚国方音，修改民间流行的曲调，变成新创造。《吕氏春秋·侈乐篇》说"楚之衰也，作为巫音"，可知楚辞是巫官文化的最高表现。其特点在于想象力非常丰富，为史官文化的《诗》三百篇所不能及。战国时期北方史官文化、南方巫官文化都达到成熟期，屈原创楚辞作为媒介，在文学上使两种文化合流，到西汉时期，楚辞成为全国性的文学，辞赋文学灿烂地发展起来。

屈原是楚国贵族，被楚怀王（前三二八年至前二九九年）放逐出朝廷，又被楚顷襄王（前二九八年至前二六三年）流放到江南。屈原遭两个昏君以及佞臣的迫害，忧愁烦乱，作《离骚》。他热爱楚国，他同情楚国人民，《离骚》充分表现出他的天才创造力和高尚的政治理想以及本人的志洁行芳。《离骚》的产生，标志着中国古代文学向前大进了一步。屈原所作，据传说还有《九歌》、《天问》、《九章》等篇。最后作《怀沙赋》，投汨罗水自杀。屈原、宋玉、唐勒、景差所作，纯用楚国方音，自有声调，称为"楚辞"，与赋异体。汉人用赋的声调读楚辞《离骚》、《怀沙》等篇也就被称为赋，统称为辞赋。汉武帝时，淮南王刘安作《离骚传》，以为《离骚》义兼风、雅，可与日月争光。东汉初班固作《离骚序》，以为《离骚》多说虚无之事，不合经义。以《离骚》为首的楚辞，与《诗》三百篇起源不同，据儒家经义来评论楚辞，是儒家的迂见，楚辞的真价值并不在于符合儒家的经义，恰恰相反，正在于不受儒家经义的拘束。

第九节　战国文化的一般状况

古来文化积累至战国，经诸子百家著书立说，作成类似总结性的记录。儒墨道三大学派主要是论述社会方面的知识，三大学派以外，诸子百家中还记载不少关于自然的社会的知识，这些知识，或有书流传，或仅存书名，或偶见征引，虽然残缺不全，一般文化状况大体可以推见。

天文历算学　观测天象，敬授民时，从来是国家大政，天子和国君设史官专掌天文历算（《周礼》有冯相氏、保章氏）。战国时诸子中也有专家，阴阳五行家就是谈天的一个学派。辩士惠施能说天所以不坠，地所以不陷，风雨雷霆所以发生的缘故，大概也是这一门学问的专家。惠施想证明地形是圆的，提出"南方无穷而有穷"，"我知天下之中央，燕之北、越之南是也"（《庄子·天下篇》）两个辩题。第一题是假设一个人向南方一直走去（无穷），到了极南的一点，再走便成了向北

（有穷）。第二题是假设两个人走不同方向，向北转南，向南转北，两人相遇的地方便是地的中央。汉朝浑天家说天的形状象鸟蛋，天包地外象蛋白包蛋黄，地圆如弹丸。惠施所说，可能就是浑天家的起源。战国时天文历算家讲天体，流行着比天圆地方说前进一步的盖天论。盖天论以为天象一个圆盆盖在上面，地象一个圆盘覆在下面，天离地八万里，天以斗极为中央，中央比四旁高六万里，斗极下的地是地的中央，比人所居的地也高六万里。惠施两个辩题，正是反对天地都是一个半圆体，和中央固定在斗极所在的盖天论。

西周时期，用二十八宿观测太阳的运行，求得朔日所在。至战国中期，楚人（《史记·天官书》作齐人）甘德、魏人石申测定黄道附近约一百二十个恒星的位置与这些恒星距北极的度数，用来观测木、火、土、金、水五个行星的运行。甘、石二人开始发见五星出伏的规律，他们测定恒星的记录，是世界最古的恒星表。

地理学 西周到战国，中国（西周初中国是指黄河北商国，《禹贡》所谓冀州）的疆域继续在扩大，凡华夏文化到达的地方，都称为中国或海内，中国以外土地叫做四裔或海外，华族以外各族叫做诸夷。因中国疆域扩大，积累起丰富的地理知识，因与各族有经济、文化的接触，积累起关于地理、民俗、特产、神话等各种传闻。例如墨子《节葬篇》说，越国东有辄沐国（辄音慨kǎi），生下长子，杀了吃掉；父死，弃母不养，说她是鬼妻，不可在家里住。楚国南有炎人国，父母死，刮去皮肉，单葬骨骼，算是孝子。秦国西有仪渠国，父母死，火烧遗体，称为登天。荀子也说，氐羌不愁被俘当奴隶，却愁死后不得火葬。这些大概是可信的传闻。又如《山海经·海外经》有贯胸、三首、三身、一臂等国，自然是荒诞无稽的传闻。战国时地理学家依据地理知识和各种传闻所著的书，大体分两类。一类是比较确实的地志，《山海经》的《山经》、《周礼》的《职方氏》、《尚书》的《禹

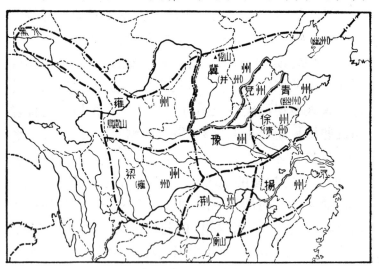

《禹贡》与《职方氏》九州合图

　　《尚书·禹贡》与《周礼·职方氏》有关九州的记载，充分表明战国时期地理观念的广阔，并反映这一时期的大一统思想。因而，根据这种记载，制成简图，是很值得的。不过，两者所记却不尽一致：《职方氏》有幽、并而无徐、梁。本图诸州方位，以《禹贡》为本，图上带有括号的各州，系表示《职方氏》所异于《禹贡》各州的大致方位。

贡》属这一类。《禹贡》所记最为确实。一类是真伪混杂，伪多于真的传闻，《穆天子传》（假托周穆王西游事）、《逸周书》的《王会解》（假托周成王受四方诸族的贡品）、《山海经》的《海外经》、《大荒经》属这一类。《穆天子传》、《逸周书》西晋初才发见，其中不免有晋人附益处，但并非全出伪造。从《穆天子传》可以想见华族与西方诸族的接触较多，从《王会解》可以想见华族与四方诸族的物产交换。《山海经》记载许多怪物异事，一部分是巫书的残余，一部分是华族与诸族自古相传的神话和祖先故事。照这些记载说来，北狄犬戎出黄帝族，苗民出颛顼族，摇（瑶）民出帝舜族，氐羌出伯夷父（颛顼师）族，巴人出太皞族。本来华族是黄炎族与诸族的融合族，诸族中也融合着黄炎族，因之各族传说中的祖先也成为各族的共同祖先。

医学 医学从巫术开始。刘向《说苑》说上古有人名叫苗父，向北诵十字咒，轻重病立即平复。这个苗父就是苗黎族的巫师。巫治病主要是用祈祷禁咒术，但也逐渐用些酒、草等药物。《山海经·大荒西经》有灵山，说巫咸、巫彭等十巫，往来灵山采百药。咸彭是商朝名巫，大概他们开始兼用草药。东周时医与巫分业，医专用药治病。鲁国上卿季康子曾送孔子一服药，孔子说，我不懂药性，不敢尝试。《孟子·滕文公篇》引《尚书》说，"如果吃了药，病人不昏闷，病不会好。"可见医生用药，病人服药，都带有冒险性。因之国君饮药，要臣先尝；父母饮药，要子先尝，免得病人遭危险。许悼公患疟疾，长子许止没有先尝药，许悼公被药毒死了，许止哭泣一年也死了。《礼记·曲礼》说"医不三世，不服其药"，《左传》定公十三年载齐大夫高彊说"三折肱知为良医"，这都是说经验的重要。战国初李悝计算一个普通农民家庭的用费，其中包括疾病费，这是宗族制度破坏后，民间也有了医生，从此治病经验愈益增多了。战国时医学就在这个基础上发展起来。

战国著名医生有号称扁鹊(相传黄帝时有扁鹊)的齐国秦越人。扁鹊是一个民间医生，他发明脉理，能望色、听声、写(观)形，知病轻重。他周游各国大都市间行医：到赵都邯郸，俗重妇人，就做带下医(妇科)；到周都洛阳，俗尊老人，就做耳目病医；到秦都咸阳，俗爱小儿，就做小儿医。秦国大医官李醯(音希 xī)自知技术不如，使人刺杀扁鹊。《史记》为良医立传，扁鹊居首，是有理由的。扁鹊明确反对巫术，说病有六种不可治，"信巫不信医"，就是不可治的一种。扁鹊著《难经》，用人体解剖来阐明脉理和病理，完全脱离了鬼神迷信的影响。巫医分业以后，扁鹊是总结医学经验的第一人，又是切脉治病的创始人。

战国医学家托名黄帝，作《内经》十八卷，现存《素问》、《灵枢》，就是《内经》的残余。《素问》谈病理，《灵枢》又名《铖(针)经》，治病用针艾。《灵枢·经水篇》说"其(病人)死可解剖而视之"。战国医学家知道从解剖求病理，确是找到了发展医学的道路，不过当时的解剖术很粗疏，要说明病理，不得不采取阴阳五行说。

《周礼·天官》冢宰属官有医师（大医生）、食医（掌调饮食）、疾医（内科）、疡医（疡音阳 yáng 外科），又有兽医，这是官医的分类。《汉书·艺文志》分方技为四类：有医经类，总论医理；有经方类，包括内科、妇科、小儿科、狂颠病科所用药方及食物宜忌；有房中类，说是调节情欲以求寿考；有神仙类，包括步引（体操）、按摩、芝菌（不死药）、黄冶（炼丹砂为黄金）等长生法。上述方技四类，前二类属医学，后二类多是方士欺人的邪术，《汉志》总称为方技，从巫术分出的医学，又被方士邪术混淆了。

农学　战国诸子中有农家，总结农业经验。《吕氏春秋》的《上农》、《任地》、《辨土》、《审时》四篇，当即农家学说的一部分。《汉书·艺文志》有论耕种、积蓄、养蚕、种树、养鱼鳖、藏果实、看土壤、相六畜等书，这些书可能含有迷信成分，但也记载着不少农业生产的知识。

制器技术　《周礼》所记器物不下数百种，这都是实际存在的器物，并非儒生伪造。《周礼·冬官》（工官）亡佚，今存《考工记》，还保存战国时器物制作法的一部分。《考工记》说"发明器物的人叫做圣人"；《世本》有《作篇》，记古来各器物的发明人。大抵战国以前，统治者还重视发明，以为百工之事都是圣人所创造。儒家道家主张一切守旧。《荀子·王制篇》说"械

河南信阳出土战国木瑟和雕花木几

用则凡非旧器者举毁"，要把不合古制的器物一概毁坏，使国君好古不用新器械。老子甚至想毁舟车，说"民多利器，国家滋昏（愈弱）；人多技巧，奇物（邪事）滋起"。认为器械的改进，对统治者有害。儒道思想盛行，严重地障碍了手工业的顺利发展。

战国时战争剧烈，儒道思想不能阻止武器制造上的进步，连弩和铁剑比弓箭铜刀大进一步。连弩和铁剑的使用，是战国手工业的重大成就。

军事学 兵法是战争指挥者高度智慧的表现。军事学家总结战争经验，著成兵法书，在文化上也是一种重要的贡献。东周时期，北方齐国、南方楚国都是积累起丰富的军事知识的国家，特别是齐国，军事学专家尤多。孙武著兵法十三篇，最为杰出。战国时齐孙膑著兵书，主张用骑兵。春秋齐景公时，大夫穰苴（音穰居 rǎng jū）作《司马法》。战国时齐威王使大夫论述古兵法，成《司马穰苴兵法》一百五十五篇。齐楚两国外，各国都有兵家，卫人吴起最著名。汉初张良、韩信整理兵书，共得一百八十二家，其中战国兵家占极大多数。战国时诸子百家活跃，兵家是最活跃的一家。

艺术 殷墟甲骨上所刻文字和殷周钟鼎上各种花纹，是殷周两朝传流至今的绘画与雕刻。战国时艺术有新的进展，制作器物，多极精美，如水陆攻战纹铜鉴，可以推见战国艺术的一般。其他偶见于文字记载的，如楚国宗庙祠堂，有大壁画，图绘天地山川神灵怪

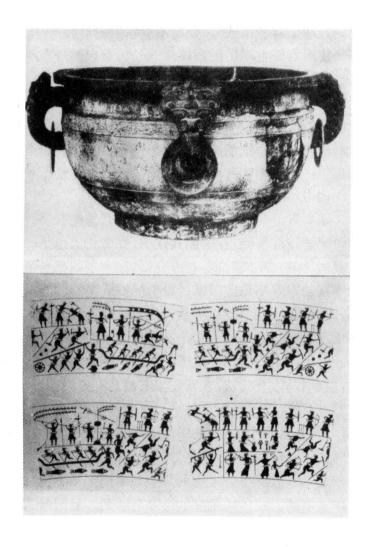

河南汲县出土战国水陆攻战纹铜鉴及
铜鉴图案细部(摹绘)

物以及古圣贤的神话与故事，读《楚辞·天问篇》想见大壁画内容的丰富。《韩非子·外储说》左上载，一个画家为周国君在竹片上作画，三年才画成，看不出画的是什么。清晨放在窗口，望见竹片上有龙蛇禽兽车马人物各种形状。《喻老篇》又说，一个宋国人用象牙雕刻楮叶，三年才刻成，放在真楮叶里，分不出真假来。韩非子所说如是事实，则战国艺术已达到相当高度的水准。相传舜禹时已有漆器，战国时漆器成为高级艺术品，近年来从长沙楚墓中发见漆器多件。器物上彩绘色泽竟似新制。又楚墓中发见料器，制作甚为精美。这些，不仅表现了手工业技术的成就，更重要的是表现了艺术上的成就。

简 短 的 结 论

恩格斯曾指出，封建战争在各国集权国家形成过程中乃是一种必然的合法的阶段。东周和战国的长期战争正是这样的一个过程。

从东周时期开始的大小宗族兼并战争，战国时期发展到了剧烈阶段。在这个阶段里，秦国首先建立起代表新兴地主阶级利益的政权。秦在当时是先进的国家，政治、经济、军事都占有优势，但比较上落后的山东六国，也有强大的反抗力量。战国将近二百年的长期战争，本质是地主政权代替领主政权的战争，是家族制度代替宗族制度的战争，是中央集权的统一国家代替诸侯割据称雄的战争，秦国取得战争的最后胜利，是历史发展的一个伟大成就。

在这个阶段上，束缚在宗族里的农奴得到解脱，成为广大的农民阶级。由于农民阶级的出现，生产力前所未有地提高了。以农业生产为基础，工商业也跟着发展起来。

墨子说"民有三患：饥者不得食，寒者不得衣，劳者不得息，三者民之巨患也"（《墨子·非乐篇》）。战国时战争规模比东周大无数倍，一次战争斩首数万以至数十万，三巨患以外又加战死一巨患，战国时人民的苦难是非常严重的。但是这种苦难，也有它一定的代价，那就是从战争中取得了中国的统一，从养士中发展了灿烂的文化。

称为诸子百家的士，对文化有巨大的贡献。儒家法家积极提倡大一统思想，是进步性较多的学派。墨家虽称显学，但它是一种既不合于统治阶级的需要，又无益于劳动群众的学派。道家哲学高出诸子，但含有较多的反动思想。其他诸家各有所短也各有所长。总起来成为多面性的战国文化。

屈原创造楚辞，丰富了华夏文化。巫史两种文化的合流，不仅在文学上开出新境界，在华夏文化的扩展上，意义更为重大。

274

历 代 纪 年 表

西周东周(春秋)纪年表①

公元	周	鲁	齐	晋	楚
前1066	武王发(姬姓。是年克殷)				
前1063	成王诵	伯禽(姬姓)			
前1026	康王钊				
前1008		考公酋			
前1004		炀公熙			
前1000	昭王瑕				
前 988		幽公宰			
前 976	穆王满				
前 974		魏公弗甚			
前 924		厉公翟			
前 921	共王繄扈				
前 909	懿王囏				
前 887		献公具			
前 884	孝王辟方				

① 确实纪年从前841年(共和元年)开始,此前的纪年系据《史记》《竹书纪年》等书的记载推算。

公元	周	鲁	齐	晋	楚
前 869	夷王燮				
前 868			献公山 （姜姓）		
前 858				靖侯宜臼 （姬姓）	
前 857	厉王胡				
前 855		真公濞			
前 850			武公寿		
前 847					勇（熊姓）
前 841	共和元年				
前 840				厘侯司徒	
前 837					严霜
前 827	宣王静				
前 825		武公敖			
前 824			厉公无忌		
前 822				献侯籍	
前 821					徇
前 815		懿公戏	文公赤		
前 811				穆侯弗生	
前 806		伯御			
前 803			成公说		
前 795					鄂
前 796		孝公称			
前 794			庄公赎		
前 790					若敖（仪）
前 784				殇叔	
前 781	幽王宫涅				
前 780				文侯仇	
前 770	平王宜臼				
前 768		惠公弗湟			
前 763					霄敖（坎）

276

公 元	周	鲁	齐	晋	楚
前 757					蚡冒（眴）
前 745				昭侯伯	
前 740					武王通
前 739				孝侯平	
前 730			僖公禄父		
前 723				鄂侯郤	
前 722		隐公息姑			
前 719	桓王林				
前 717				哀侯光	
前 711		桓公允			
前 709				小子	
前 706				潜	
前 697			襄公诸儿		
前 696	庄王佗				
前 693		庄公同			
前 689					文王赀
前 685			桓公小白		
前 681	厘王胡齐				
前 678				武公称	
前 676	惠王阆			献公诡诸	堵敖（艰）
前 671					成王恽
前 661		闵公启			
前 659		僖公申			
前 651	襄王郑				
前 650				惠公夷吾	
前 642			孝公昭		
前 636				文公重耳	
前 632			昭公潘		
前 627				襄公骦	

公 元	周	鲁	齐	晋	楚
前 626		文公兴			
前 625					穆王商臣
前 620				灵公夷皋	
前 618	顷王壬臣				
前 613					庄王侣
前 612	匡王班		懿公商人		
前 608		宣公倭	惠公元		
前 606	定王瑜			成公黑臀	
前 599				景公据	
前 593			顷公无野		
前 590		成公黑肱			共王审
前 585	简王夷				
前 581			灵公环		
前 580				厉公寿曼	
前 572		襄公午		悼公周	
前 571	灵王泄心				
前 559					康王招
前 557				平公彪	
前 553			庄公光		
前 547			景公杵臼		
前 544	景王贵				郏敖（员）
前 541		昭公稠			
前 540					灵王围
前 531				昭公夷	
前 528					平王居
前 525				顷公弃疾	
前 519	敬王匄				
前 515					昭王轸
前 511				定公午	

278

公 元	周	鲁	齐	晋	楚
前 509		定公宋			
前 494		哀公蒋			
前 489			晏孺子荼		
前 488			悼公阳生		惠王章
前 484			简公壬		
前 480			平公鳌		
前 475	元王仁				
前 474				出公错	
前 468	贞定王介				
前 466		悼公宁			
前 457				哀公忌	
前 455			宣公就匜		
前 441	哀王去疾 思王叔				
前 440	考王嵬				
前 437				幽公柳	
前 431					简王仲
前 428		元公嘉			
前 425	威烈王午				
前 419				烈公止	
前 407		穆公显			声王当
前 404			康公贷		

战 国 纪 年 表

公 元	周	秦	韩	赵	魏	楚	燕	齐
前 403	威烈王午（姬姓）23年	简公悼子（嬴姓）12年	景侯虔6年	烈侯籍6年	文侯斯22年	声王当（熊姓）5年	湣公31年	康公贷（姜姓）2年
前 402							厘公	
前 401	安王骄					悼王疑		
前 399		惠公	列侯取	武公				
前 386		出子	文侯	敬侯章	武侯击			太公和（田姓）
前 384		献公师隰						桓公午
前 380						肃王臧		
前 378								威王因齐①
前 376			哀侯					
前 375	烈王喜							
前 374				成侯种				
前 372							桓公	
前 370			庄侯若山		惠王罃			
前 369						宣王良夫		
前 368	显王扁							
前 361		孝公渠梁					文公	

① 据《竹书纪年》，推知前357年为齐威王元年，前319年为齐宣王元年，前300年为齐湣王元年。

280

公 元	周	秦	韩	赵	魏	楚	燕	齐
前 358			昭侯					
前 349				肃侯语				
前 342								宣王辟疆
前 339						威王商		
前 337		惠文王驷						
前 334					襄王嗣①			
前 332			宣惠王				易王	
前 328						怀王槐		
前 325				武灵王雍				
前 324		改为元年						
前 323								湣王遂
前 320	慎靓王定						哙	
前 318					哀王			
前 314	赧王延							
前 311			襄王仓				昭王平	
前 310		武王荡						
前 306		昭襄王则						
前 298				惠文王何		顷襄王横		
前 295			厘王咎		昭王遫			
前 283								襄王法章
前 278							惠王	

① 据《史记集解》，前 334 年是魏惠王后元元年。前 318 年是魏襄王元年，并无哀王。

公元	周	秦	韩	赵	魏	楚	燕	齐
前276					安厘王圉			
前272			桓惠王					
前271							武成王	
前265				孝成王丹				
前264								建
前262						考烈王元代		
前257							孝王喜	
前254								
前250		孝文王柱						
前249	周亡	庄襄王子楚						
前246		秦始皇政						
前244				悼襄王偃				
前242						景湣王增		
前238			安					
前237							幽王悼	
前235				幽湣王迁				
前230			韩亡					
前228				赵亡				
前227					假		负刍	
前225					魏亡			
前223						楚亡		
前222							燕亡	
前221		秦统一						齐亡

282

第一册 人名索引

本书第一至第四册,此次重版,补编了人名索引,以备检索。

第一册的人名索引是由刘小萌编制的。

285

八　画

289